30 JOURS
pour
AUGMENTER
vos
VENTES

Tous droits réservés. Toute reproduction, même partielle, du contenu, de la couverture ou des icônes, par quelque procédé que ce soit (électronique, photocopie, bande magnétique ou autre) est interdite sans autorisation écrite de Lordson Éditions sauf pour l'utilisation de quelques citations pour des besoins d'analyses dans des revues, magazines, livres, etc.

Le Code de la propriété intellectuelle interdit les copies ou reproductions destinées à une utilisation collective. Toute représentation ou reproduction intégrale ou partielle faite par quelque procédé que ce soit, sans le consentement de l'Auteur ou de ses ayants cause est illicite et constitue une contrefaçon sanctionnée par le code de la propriété intellectuelle.

© 2020, Jean-Jacques Sié

©2020, Lordson Éditions
lordsoneditions@gmail.com

ISBN: 9798577894764

JEAN-JACQUES SIÉ

30 JOURS pour AUGMENTER vos VENTES

La stratégie optimale que tous les travailleurs salariés qui se lancent en entrepreneuriat devraient se procurer pour diversifier leurs sources de revenu rapidement, générer plus d'argent et surtout gagner du temps!

Collection Quotient Financier

LORDSON ÉDITIONS

Du même auteur:

- *Collection Quotient financier*

-**La fin de l'esclavage financier**

- *Collection Motiver pour Christ*

-**Sighs of a born-again**
-**Allons et Prêchons!**

- *Collection Salutairement Responsable*

-**Comment écrire un livre et devenir prospère**

À DIEU, le Père-Tout-Puissant, ce travail est encore le fruit de ta fidélité.

À mon adorable épouse Liliane qui a suscité mon intérêt pour la vente. Puisse Dieu te bénir abondamment et permettre à nos enfants Jean-Christ, Alissa et Yann-David d'utiliser ce livre pour propulser leur entreprise au sommet.

À mes merveilleux enfants Jean-Christ, Alissa et Yann-David. Que ce livre vous aide à ne jamais manquer d'argent!

À tous les entrepreneurs qui sont frustrés de ne pas pouvoir générer plus de ventes. Puisse ce livre vous aider à opérer un changement radical dans votre stratégie d'affaires et vous permette d'augmenter votre chiffre d'affaire afin de propulser votre entreprise au sommet!

REMERCIEMENTS

Je voudrais exprimer toute ma gratitude aux personnes qui ont utilisé leur temps, leur connaissance et leur talent pour le succès de ce projet.

Merci:
- au Pst José Bro, qui encourage l'entrepreneuriat par le développement de l'intelligence des affaires;
- au Pst Charles Eno pour m'avoir recommandé, il y'a quelques années, d'écrire la deuxième partie du livre "La fin de l'esclavage financier";
- à mon épouse Liliane Sié, chargée administrative chez S.S.R, pour le temps qu'elle me fait sauver, qui m'a permis de rédiger et publier ce livre en trois mois;
- à Edwige Anthony, éditrice chez S.S.R pour la correction, la révision et l'édition du manuscrit dans des délais record.

Je ne saurais terminer sans remercier tous les lecteurs et lectrices. Vous êtes la raison d'être de ce livre! Merci pour votre confiance!

SOMMAIRE

INTRODUCTION — 13

MODULE 1: PRÉPARER VOTRE MENTAL — 21

JOUR 1: BRISER LES PENSÉES LIMITANTES À PROPOS DE L'ARGENT — 23

JOUR 2: BRISER LES PENSEÉS LIMITANTES À PROPOS DE LA VENTE — 31

JOUR 3: DÉVELOPPER DES VALEURS PROFONDES — 41

JOUR 4: S'ENGAGER AU SUCCÈS — 45

MODULE 2: DIVERSIFIER VOS SOURCES DE REVENUS — 51

JOUR 5: COMPRENDRE LES CONCEPTS DE BASE — 53

JOUR 6: IDENTIFIER LES PROBLÈMES POUR LESQUELS IL EXISTE UN MARCHÉ — 57

JOUR 7: IDENTIFIER VOS SPÉCIFICITÉS — 61

JOUR 8: SÉLECTIONNER LES PROBLÈMES À RÉSOUDRE — 63

JOUR 9: CONNAITRE VOTRE PROSPECT IDÉAL — 65

JOUR 10: APPORTER <u>LA</u> SOLUTION AUX PROBLÈMES SÉLECTIONNÉS — 71

JOUR 11: TRANSFORMER VOTRE SOLUTION EN PRODUIT OU SERVICE — 75

JOUR 12: PLANIFIER VOTRE SYSTÈME D'AFFAIRE — 79

MODULE 3: CONCEVOIR L'OFFRE — 83

JOUR 13: QUESTIONS À VOUS POSER AU SUJET DE VOTRE PRODUIT OU SERVICE -------- 85

JOUR 14: ÉLABORER VOTRE OFFRE DE PRODUIT OU SERVICE -------- 89

MODULE 4: ATTIRER LES PROSPECTS ULTRA-CIBLÉS 95

JOUR 15: OÙ SE TROUVE VOTRE PROSPECT IDÉAL? -------- 97

JOUR 16: COMMENT TRANSFORMER VOTRE PROSPECT IDÉAL EN CLIENT POTENTIEL -------- 99

JOUR 17: PRÉPARER UNE ANNONCE QUI ATTIRE L'ATTENTION, CAPTE L'ATTENTION ET PIQUE LA CURIOSITÉ -------- 101

JOUR 18: RÉVISER VOTRE ANNONCE -------- 109

JOUR 19: NE PAS PERDRE DE VUE LE PREMIER OBJECTIF 111

JOUR 20: PRÉPARER VOTRE PAGE DE VENTE -------- 117

JOUR 21: TESTER VOTRE TUNNEL DE VENTE ET VÉRIFIER VOTRE ANNONCE -------- 123

JOUR 22: CRITÈRES DE CIBLAGE -------- 127

JOUR 23: SPONSORISER VOTRE ANNONCE SUR FACEBOOK -------- 133

MODULE 5: CONVERTIR LES CLIENTS POTENTIELS EN CLIENTS CONFIRMÉS -------- 137

JOUR 24: COMPRENDRE ET UTILISER L'ÉCHELLE DE VALEUR -------- 139

JOUR 25: L'OFFRE DU PRODUIT OU SERVICE -------- 143

JOUR 26: « LIVRER LA MARCHANDISE » -------- 149

JOUR 27: APPLIQUER-CORRIGER-AMÉLIORER —————————— 151

MODULE 6: METTRE EN PLACE VOTRE SYSTÈME ——— 153

JOUR 28: ÉTABLIR LE PROCESSUS D'AFFAIRE ———————— 155

JOUR 29: CONVERTIR LE PROCESSUS EN SCHÉMA ————— 157

JOUR 30: DÉTERMINER LE CHIFFRE ——————————————— 159

CONCLUSION: NE MANQUEZ PLUS JAMAIS D'ARGENT! — 165

INTRODUCTION

***P**ourquoi la majorité des travailleurs salariés ont l'impression de travailler très fort sans savoir où va leur argent?*

Lorsque j'étais enfant, on m'a dit: "Va à l'école, obtiens un diplôme qui te permettra de trouver un emploi bien rémunéré et tu deviendras riche et heureux". Quelques années plus tard, j'avais fait tout ce qu'on m'avait dit : j'étais allé à l'école, j'avais obtenu une Maitrise en Administration des affaires et un D.E.S.S en finances, puis j'avais trouvé un emploi; mais je n'étais pas riche et heureux. Bien au contraire, j'étais frustré et cela pour trois raisons :

1- la première raison, c'est que j'avais une seule source de revenus: je voyais plusieurs retraits sur mes relevés bancaires provenant de différentes dépenses contre une seule entrée provenant de mon salaire.

2- la deuxième raison, c'est que mon salaire était insuffisant: en plus d'avoir une seule source de revenus, il ne me restait plus rien dans les poches avant la fin du mois car je payais tout le monde autour de moi sauf moi-même.

3- la troisième raison, c'est que je manquais terriblement de temps: vu que mon employeur me payait en échange de mon temps, j'étais obligé d'être présent à tout moment même lorsque j'avais besoin de congé pour assister à des évènements importants pour les enfants ou pour mon épouse.

Cette situation me frustrait tellement que j'ai décidé d'immigrer au Canada croyant que la solution se trouverait dans un pays occidental ou dans un emploi mieux rémunéré. Cependant, quelques mois après avoir débuté mon premier emploi au Canada, je me suis rendu compte que ma situation s'était empirée:

1-j'avais toujours une seule source de revenus car avoir un deuxième emploi était synonyme de devoir payer plus d'impôts répartis au cours de l'année mais également au moment des déclarations fiscales de fin d'années,

2-j'avais recours à une carte de crédit pour joindre les deux bouts car mon salaire était très insuffisant face à la cherté du coût de la vie au Canada,

3-en termes de temps, ce que je vivais lorsque je travaillais en Côte d'Ivoire était un eldorado contrairement à ce que j'ai trouvé au Canada. En tant que travailleur salarié au Canada, le temps était devenu une denrée extrêmement rare surtout lorsqu'on combine le travail et la famille.

Face à cette situation, j'avais l'impression d'être revenu à mon point de départ tel un rat dans une roue de cirque et cela avait fait beaucoup augmenter ma frustration. Mais au lieu de me résigner, je me suis mis à chercher une solution dans les livres, dans les conférences, dans les séminaires et dans les formations afin de me libérer de ces chaînes

INTRODUCTION

financières invisibles qui me retenaient dans une sorte de captivité chronique qui ne disait pas son nom. C'est ainsi qu'après avoir découvert pourquoi je me retrouvais dans cette situation, j'ai publié mon premier livre intitulé "La fin de l'esclavage financier" dans lequel j'expose les 3 étapes incontournables pour sortir de l'esclavage financier :

1- Mettre de l'ordre dans ses finances
2- Diversifier ses sources de revenus
3- Générer de l'argent afin d'augmenter ses revenus

Avant la publication de ce livre, j'avais complété la première étape qui était de mettre de l'ordre dans mes finances. Après la publication de mon premier livre, je venais de compléter la deuxième étape qui était de diversifier mes sources de revenus. Il ne me restait plus que la troisième étape pour sortir de l'esclavage financier qui était de générer concrètement des revenus c'est-à-dire de transformer ma source de revenus en argent.

Mais je crois que c'est à ce niveau que j'ai perdu le focus surtout lorsque j'ai commencé à prendre part à des conférences et des séminaires. Je parlais aux gens de comment sortir de l'esclavage financier avec une telle passion qu'à la fin j'oubliais de faire des ventes. Et à chaque fois que je rentrais, mon épouse me posait cette question: "Combien de livres as-tu vendu aujourd'hui?" Au départ, je lui répondais calmement en disant que le livre venait tout juste d'être publié et qu'il fallait un peu de temps pour faire des ventes.

Cependant, plus le temps passait et qu'elle me posait la même question, plus je commençais à me mettre en colère contre elle car cette question me frustrait énormément. Alors, je me mettais à lui dire qu'au lieu de m'encourager, tout ce qui l'intéressait, c'était l'argent. Puis, je finissais en lui disant que l'argent n'était pas le plus important mais plutôt le processus mis en œuvre pour aider les gens à sortir de l'esclavage financier.

Toujours sans tenir compte de la question de mon épouse, j'ai publié mon 3e livre intitulé "Comment écrire un livre et devenir prospère" puis j'ai lancé différents programmes de coaching. Comme la majorité des entrepreneurs ou la majorité des travailleurs salariés qui se lancent en entrepreneuriat, j'ai créé une page Facebook, j'ai fait imprimer des cartes de visites et j'ai lancé un site web. Et je me suis mis à faire des vidéos ou envoyer des messages pour inviter mes amis présents sur les réseaux sociaux à venir s'inscrire.

Là encore, mon épouse a continué à me poser la même question: "Combien de clients as-tu eu aujourd'hui"? Mais contrairement aux premières fois, au lieu d'être frustré contre elle, j'ai commencé à être frustré par le fait de n'avoir aucun client. En acceptant de confronter la question qu'elle me posait depuis plusieurs mois à la réalité, je me suis demandé "Comment pourrai-je aider les gens à sortir de l'esclavage financier ou à écrire des livres s'il n'y a personne qui achètent les livres ou qui joignent les programmes"? Et c'est en ce moment que j'ai réalisé que si personne ne joint les

INTRODUCTION

programmes ou n'achète les livres, c'est que je n'aide personne en réalité puisque la seule façon pour le pharmacien d'aider le malade qui se présente avec une ordonnance, c'est que ce dernier achète les médicaments prescrits par le médecin. Dans mon cas, je me suis rendu compte que j'étais comme un médecin qui, après avoir identifié un mal ou un problème, avait trouvé le remède et prescrit une ordonnance mais que personne ne l'achetait. En y réfléchissant un peu plus, j'en suis arrivé à cette interrogation:
-soit le remède n'était pas bon,
-soit je n'étais pas en présence des malades biens ciblés ou
-soit les malades n'en étaient pas suffisamment convaincus?

En analysant point par point, j'ai réalisé que le remède était bon car il m'avait non seulement aidé moi-même, mais il avait également aidé d'autres personnes qui l'avaient utilisé. J'ai donc réalisé qu'un remède peut être bon sans pour autant qu'on l'achète. Il ne restait plus que les deux autres hypothèses.
Celles-ci m'ont conduit à faire des recherches pour savoir comment me retrouver en face des malades bien ciblés et comment les emmener à être suffisamment convaincus de l'efficacité du remède que je leur prescris afin de l'acheter pour leur propre guérison. Et ces recherches m'ont montré l'importance capitale du marketing et de la vente pour tout entrepreneur et surtout pour les travailleurs salariés qui se lance en entrepreneuriat car :
-sans marketing, il n'y a pas de vente
-sans vente, il n'y a pas de profit
-sans profit, c'est la faillite.

Indissociabilité du marketing et de la vente

De façon triviale, le marketing est le processus qui permet d'identifier le prospect idéal, de le trouver et de le qualifier tandis que la vente est le processus qui permet de convertir le prospect qualifié en client et d'empocher l'argent.

Ainsi, le marketing et la vente sont les fonctions qui permettent concrètement aux entrepreneurs de générer l'argent et c'est pourquoi l'un ne va pas sans l'autre en sorte que les deux sont liés.

Dans le livre "La fin de l'esclavage financier", que je considère comme la première partie de la solution pour se libérer des chaînes financières invisibles, j'ai réveillé les consciences face au problème de long terme qui est l'augmentation chronique du coût de la vie face à des revenus qui stagnent et j'ai largement développé comment mettre de l'ordre dans ses finances et comment diversifier ses sources de revenus. Mais, après avoir mis de l'ordre dans ses finances et diversifié ses sources de revenus, un problème demeure pour tout travailleur salarié: comment générer concrètement de l'argent afin d'augmenter ses revenus pour éventuellement vivre de sa passion un jour?

Pour trouver une solution à ce problème, j'ai entrepris de suivre différents programmes de formation. Et après avoir généré plusieurs ventes de livres et de programmes de coaching, j'ai trouvé opportun de mettre en place un programme de formation et de coaching afin d'aider les

INTRODUCTION

entrepreneurs frustrés de ne pas pouvoir vendre leurs produits ou services.

Lorsqu'on se lance en entrepreneuriat, on a besoin d'argent et on manque également de temps. Cela est d'autant plus vrai pour les travailleurs salariés qui manquent terriblement d'argent et de temps. Il fallait donc trouver une façon rapide qui leur permettrait de générer rapidement des ventes. C'est pourquoi, j'ai mis sur pied un programme pratique qui permet aux entrepreneurs et aux travailleurs salariés qui se lancent en entrepreneuriat de générer et d'augmenter leurs ventes en 30 jours.

Je vous invite à lire ce livre avec un esprit ouvert car l'esprit est comme un parapluie: il fonctionne mieux lorsqu'il est ouvert.

Cependant, ne vous contentez pas seulement de le lire mais complétez surtout tous les exercices qu'y trouvent.

Bonne étude et Bon succès!

MODULE 1

PRÉPARER VOTRE MENTAL

JOUR 1

BRISER LES PENSÉES LIMITANTES À PROPOS DE L'ARGENT

Il y a plusieurs années, je croyais que toutes les personnes qui avaient l'argent étaient malhonnêtes et profiteuses. Si vous regardez autour de vous, vous remarquerez que la majorité des personnes qui manquent d'argent ont en commun un certain type de mentalité que j'appelle la mentalité de pauvreté.

Dans "La fin de l'esclavage financier", je mentionne qu'il existe une différence entre la pauvreté et la mentalité de pauvreté. En effet, le manque d'argent n'est pas un symptôme de pauvreté mais plutôt une conséquence de la mentalité de pauvreté. Ceci signifie que si une personne manque d'argent, ça ne veut pas dire qu'elle est pauvre; par contre, une personne qui a une mentalité de pauvreté finira tôt ou tard par manquer d'argent.

Ainsi, la majorité des personnes qui manquent d'argent ou qui ont des revenus limités le sont le plus souvent à cause de la mentalité de pauvreté qui leur communique des pensées limitantes. T. Harv Eker, dans son livre "The Good Millionaire" révèle que nos pensées nous communiquent des émotions et nos émotions nous permettent de poser des actions. C'est-à-dire que si nous avons des pensées limitantes, nous aurons des émotions limitantes et nous poserons des actions limitantes. Or sans actions, il n'y a pas de résultat. C'est pourquoi des pensées limitantes en rapport avec l'argent conduisent à des résultats limitants et des pensées d'abondance à propos de l'argent conduisent à des résultats d'abondance.

Il existe plusieurs pensées limitantes en rapport avec l'argent qui empêchent certains entrepreneurs de générer plus de revenus. En complétant la liste donnée par T. Harv Eker, dans son livre "The Good Millionaire", voici 6 pensées limitantes en lien avec l'argent.

L'argent n'est pas bon
Cette croyance est un mensonge.
Est-ce que le couteau est bon ou mauvais?
Vous vous dites en ce moment: ça dépend. Si on l'utilise pour cuisiner c'est bon mais si on l'utilise comme arme blanche c'est mauvais. Cela dépend de la personne qui l'utilise.

Pensée énergisante: L'argent n'est bon ni mauvais; l'argent est utile. Tout dépend de la personne qui l'utilise.

L'argent n'est pas important

Selon T. Harv Eker, cette croyance est basée sur la peur et vient le plus souvent des personnes ayant une mentalité de pauvreté. Et la plupart des personnes qui disent cela, soutiennent qu'il y a d'autres choses plus importantes dans la vie. Elles disent par exemple : « L'argent n'est pas plus important que l'amour ».

Elles ont peut-être raison mais la question est: pourquoi comparer les deux ?

Entre le bras et l'avant-bras, qu'est-ce qui est important?

La réponse c'est : les deux.

Pensée énergisante: L'amour est important; la santé est importante; l'argent est important; le bien-être est important.

Si j'ai beaucoup d'argent, quelqu'un en aura moins

Cette croyance provient d'une mentalité de pauvreté.

En réalité, il y a des centaines de milliards de dollars dans l'économie nous dit T. Harv Eker. Ce qui signifie qu'il y en a suffisamment pour tous ceux qui prennent la décision d'en gagner.

Et le fait qu'une personne en ait beaucoup ne va pas empêcher quelqu'un d'autre d'en avoir moins. Je répète encore qu'il y a des centaines de milliards de dollars dans l'économie; ce qui signifie que si une personne en a beaucoup, cela n'empêchera pas d'autres personnes d'en avoir moins.

Pensée énergisante: Si j'ai beaucoup d'argent, cela ne va pas empêcher quelqu'un d'autre d'en avoir moins.

Si j'essaie de devenir riche ou d'avoir beaucoup d'argent, je pourrais échouer, être déçu ou ne plus avoir du temps pour les personnes que j'aime

Cette croyance est basée sur la peur.
Mais c'est la pire des stratégies de succès au monde dévoile T. Harv Eker. Imaginez un seul instant un coach de football qui dit à ses joueurs de ne pas essayer de gagner le championnat sinon ils risquent d'être déçus… Cela serait surprenant non?
Cette idée c'est pour les perdants et les faibles, pas pour les gagnants et les champions. Or vous êtes des champions. Mieux tu es un champion. Tu es une championne. Maintenant, répétez après moi: « Je suis un champion » ou « Je suis une championne ».
Arrêtez donc de croire qu'en restant confortablement assis avec cette croyance vous obtiendrez quelque chose de la vie. La plupart des personnes échouent dans la vie car au lieu de se battre pour obtenir ce à quoi elles aspirent réellement, elles attendent confortablement ce qu'elles pensent pouvoir avoir. Car si votre objectif est de vivre confortablement, vous ne serez jamais riche. Mais si votre objectif est d'être riche, il y a de fortes chances que vous vivrez confortablement un jour.

Il y a également des personnes qui pensent que si elles deviennent riches ou gagnent beaucoup d'argent, elles n'auront plus le temps pour Dieu, ou pour leur famille ou pour leurs amis, etc.

Si une personne pense qu'elle n'aura pas du temps pour sa famille si elle génère beaucoup d'argent, c'est comme une personne qui se dit qu'elle ne veut pas avoir un emploi parce qu'elle n'aura pas le temps de voir sa famille entre 09h et 17h. Ici le problème n'est pas l'argent ou le travail, c'est plutôt la personne qui ne connait pas ses priorités. Or lorsqu'on n'a pas de priorités dans la vie, on n'est pas organisé. Et lorsqu'on n'est pas organisé, on ne peut être discipliné.

Pensée énergisante: Je suis un champion, je suis humble et je suis discipliné. Je suis une championne, je suis humble et je suis disciplinée.

C'est égoïste de vouloir devenir riche ou avoir beaucoup d'argent

Cette croyance est basée sur la peur.
Pour T. Harv Eker, penser que c'est égoïste de vouloir devenir riche ou d'avoir beaucoup d'argent revient à penser qu'on serait plus généreux en devenant pauvre ou en ayant moins d'argent. Selon vous est-ce que cela a du sens?
Les personnes qui disent souvent de telles choses ont des mentalités de pauvreté. Et je vous demande de ne pas écouter ce genre de personnes lorsqu'il s'agit de conseils financiers.

Pensée énergisante: Si je génère plus d'argent, je pourrai avoir plus d'impact dans la vie d'un plus grand nombre de personnes.

Les riches sont méchants, corrompus et profiteurs

Cette pensée est basée sur la peur.

Nombreux sont souvent ceux qui pensent que les personnes riches ou qui ont beaucoup d'argent sont méchantes, corrompues et profiteuses. Mais T. Harv Eker nous demande d'examiner cela:

Est-ce qu'il est vrai que des personnes de la classe riche peuvent être méchantes? La réponse est « oui ».

Est-ce qu'il est vrai que des personnes de la classe moyenne peuvent être méchantes? La réponse est « oui ».

Est-ce qu'il est vrai que des personnes pauvres peuvent être méchantes? La réponse est « oui ».

Alors qu'est-ce que cela à avoir avec l'argent? La réponse est « rien ». L'argent n'a donc rien à voir avec la méchanceté; le plus important, c'est vous.

Que pensez-vous de vous-même? Êtes-vous une bonne personne? J'espère que la réponse est oui!

Si oui, pensez-vous qu'en devenant riche, vous deviendrez subitement mauvaise ou méchante? La réponse est non! L'argent ne vous rendra pas méchante.

L'argent vous rendra plus que ce que vous êtes déjà.

Si vous êtes une bonne personne, l'argent vous rendra encore meilleure. Si vous êtes une méchante personne, l'argent vous rendra encore plus méchante. Car n'oubliez pas: ce n'est pas à propos de l'argent mais à propos de vous.

Jour 1

Pensée énergisante: Je suis une bonne personne et je ferai de bonnes choses avec mon argent.

Développer des pensées énergisantes à propos de l'argent

Pour développer des pensées énergisantes à propos de l'argent, Michael J. Durkin dans son livre "Doublez vos contacts" présente notre esprit comme un disque compact. Puis il nous demande d'imaginer que ce disque compact comporte ces systèmes de pensées limitantes que nous venons de voir. Imaginons-nous en train d'égratigner la surface de ce disque avec une lime par exemple. Que se passera-t-il? Le disque sera illisible, n'est-ce pas? Maintenant, il ne nous reste plus qu'à ré-enregistrer et graver de NOUVELLES croyances dans les rayures.

De façon concrète, voici comment vous devez procéder :
- Retrouvez donc les pensées limitantes qui vous concernent et dans votre bloc-notes, écrivez-les sur les lignes 1,2,3,4,5 comme l'exemple ci-dessous. (Ne touchez pas tout de suite aux lignes 1b, 2b, 3b, 4b, 5b).
- Ensuite, avec votre stylo, faites un trait sur ces pensées.
- Réécrivez à la ligne 1b, 2b, 3b, 4b, 5b les pensées énergisantes.
- Répétez les pensées énergisantes comme un CD qui jouerait en boucle.

Exemple :
1. ~~L'argent n'est pas bon~~

1b. L'argent n'est bon ni mauvais: l'argent est utile. Tout dépend de la personne qui l'utilise.

2. ~~L'argent n'est pas important~~

2b. L'amour est important; la santé est importante; le bien-être est important; l'argent est important.

3 …

3b…

4 …

4b…

5 …

5b …

Exercice

En suivant le processus ci-dessus pour développer des pensées énergisantes à propos de l'argent, retrouvez les pensées limitantes qui vous concernent et faites de même.

JOUR 2

BRISER LES PENSEÉS LIMITANTES À PROPOS DE LA VENTE

Comme moi dans le passé, nombreux sont ceux qui ont peur lorsqu'ils entendent le mot VENTE. Si l'idée de vendre une chose vous fait peur et vous met dans un état de souffrance psychologique qui se ressent par une gorge nouée, une boule au ventre, des palpitations ou des sueurs froides, alors vous êtes au bon endroit.

Pour vaincre les pensées limitantes à propos de la vente, il faut énumérer nos appréhensions et leurs causes.

Les appréhensions

Voici quelques pensées cachées dans votre subconscient quand on parle de VENTE.
- Je n'aime pas la vente. J'aime tout ce qui concerne l'entrepreneuriat sauf la partie qui concerne la vente.

- Je ne suis pas un vendeur. Les vendeurs sont des personnes insistantes. Je ne veux qu'on me qualifie de vendeur.
- Je ne veux pas perdre ma crédibilité et mon honneur pour de l'argent comme le font les vendeurs qui vendent des frigidaires à des eskimos.
- Je n'aime pas être dérangé par les vendeurs donc je n'aime pas déranger les autres
- Je n'aime pas vendre à mes amis, à ma parenté et à mes voisins.
- Je n'ai pas le temps de vendre et de bien accomplir cette tâche dans mon entreprise.
- J'ai l'impression de déranger les gens quand je leur vends quelque chose.
- Je ne veux pas avoir honte ou je ne veux pas avoir l'air stupide ou fou s'ils me disent non.
- J'ai besoin que les gens m'aiment et m'approuvent. Donc je ne veux pas avoir l'air d'être rejeté s'il refuse d'acheter.
- Je déteste être rejeté.
- Mes clients potentiels ont déjà peut-être été approchés par des entrepreneurs qui proposaient le même produit ou la même solution. Je ne vois pas pourquoi ils seraient intéressés par ce que j'ai à offrir.

Les causes

Pour se débarrasser des pensées limitantes, il faut en connaître les causes.

Dans la majorité des cas, ces pensées sont le résultat d'expériences passées. Il se pourrait que ce que vous avez vécu, vu ou entendu, ait influencé négativement votre perception de la vente. Si c'est le cas, ce n'est pas la fin du monde. Voici quelques causes:

La perception de la vente

Vous avez une mauvaise perception de la vente si vos pensées limitantes sont:
-Je ne suis pas un vendeur. Les vendeurs sont des personnes insistantes. Je ne veux pas qu'on me qualifie de vendeur.
-Je ne veux pas perdre ma crédibilité et mon honneur pour de l'argent comme le font les vendeurs qui vendent des frigidaires à des eskimos.
-Je n'aime pas vendre à mes amis, à ma parenté et à mes voisins.
Qu'est-ce que la vente?
Il existe plusieurs définitions. Mais de façon simple, la vente c'est l'échange de biens entre une ou plusieurs personnes. En règle générale, pour que la vente soit juste, les biens échangés doivent avoir la même valeur.
Dans le cadre de la vente d'un produit ou service, nous avons une personne qui a un produit ou un service et une autre qui a de l'argent. La vente est juste tant que la valeur du produit ou du service est égale à la valeur monétaire donnée en échange. Si vous pensiez donc que la vente était pour les arnaqueurs ou les bons à rien, vous avez votre réponse.
Mais pour faire une vente, il faut qu'il y ait une offre ou une recommandation. Une offre ou une recommandation est une proposition des bénéfices, des avantages et des caractéristiques de votre produit ou service en lien avec les besoins de vos clients potentiels.

Ainsi la vente est la recommandation des bénéfices, avantages et caractéristiques d'un produit ou service visant à apporter une solution au problème de plusieurs en échange d'une valeur monétaire juste.

Pensée énergisante: J'aime la vente car elle me permet de recommander le bon produit ou service pour solutionner le problème de plusieurs en échange d'une valeur monétaire juste.

Le manque de confiance

Vous manquez de confiance en vous si vos pensées limitantes sont:
-Mes clients potentiels ont déjà peut-être été approchés par des entrepreneurs qui proposaient le même produit ou la même solution. Je ne vois pas pourquoi ils seraient intéressés par ce que j'ai à offrir.
-Je n'ai pas le temps de vendre et de bien accomplir cette tâche dans mon entreprise.
-Je n'aime pas la vente. J'aime tout ce qui concerne l'entrepreneuriat sauf la partie qui concerne la vente.

Le manque de confiance en soi ou le manque de confiance dans les solutions que la plupart des entrepreneurs proposent est l'une des causes majeures qui fait de la vente une expérience décourageante.

En tant qu'entrepreneur(e), vous devez augmenter votre niveau de confiance en vous sinon votre entreprise ne connaîtra pas de croissance.

Mais le manque de confiance en soi résulte le plus souvent de la méconnaissance de sa valeur et le manque de confiance dans ses produits ou services résulte de la méconnaissance de la valeur de ceux-ci.

C'est pourquoi la première question à se poser si vous manquez de confiance en vous ou en vos produits/services est:

1-Quelle est ma valeur? Qu'est-ce que je vaux? Suis-je véritablement une solution pour quelqu'un?

Je vous invite à répondre par « Oui » ou par « Non ».

2-Quelle est la valeur de mon produit ou mon service? Est-il véritablement une solution pour quelqu'un?

Je vous invite à répondre par « Oui » ou par « Non ».

Si la réponse est « Non», alors vous devez débuter un programme personnel en investissant davantage en vous dans le but d'augmenter votre valeur.

Si vous avez répondu « Oui » à la première et à la 2e question, alors posez-vous la question suivante: « Si je suis une solution pour quelqu'un ou si mon produit/service est une solution pour quelqu'un, alors pourquoi n'ai-je pas confiance en moi et en mon produit/service » ?

La réponse c'est que vous ne croyez pas suffisamment en vous car c'est la croyance qui entraîne la confiance. Vous devez augmenter votre niveau de croyance en vous ou en votre produit/service en développant des pensées énergisantes.

Pensée énergisante:
-J'ai de la valeur et je suis une solution pour plusieurs.
-Je suis un champion et je suis intelligent/Je suis belle, je suis une championne et je suis intelligente.
-Mon produit ou mon service est une solution aux problèmes de plusieurs.

La peur du rejet

Vous avez peur du rejet si vos pensées limitantes sont:
- Je ne veux pas avoir honte ou je ne veux pas avoir l'air stupide ou fou s'ils me disent non.
-J'ai besoin que les gens m'aiment et m'approuvent. Donc je ne veux pas avoir l'air d'être rejeté s'ils refusent d'acheter.
-Je déteste être rejeté(e).
-Je n'aime pas être dérangé par les vendeurs donc je n'aime pas déranger les autres.
-J'ai l'impression de déranger les gens quand je leur vends quelque chose.

La pensée de se faire dire « non » fait énormément peur à tout le monde. Et cela est compréhensible. Mais en réalité, cela est seulement compréhensible du point de vue de nos émotions. Lorsqu'on nous dit non, voici ce qui se passe dans notre âme: nous substituons le produit ou le service à nous-même et nous prenons personnellement le « non » qui était dirigé vers le produit ou service. Ainsi, notre égo est touché et ce sont nos émotions qui sont engagées. Lorsqu'on nous dit « non », nous devons nous poser les questions suivantes:

-Que va-t-il se passer si on me dit « non »? La réponse est « ABSOLUMENT RIEN! »
-Est-ce que ce « non » sera gravé sur moi? La réponse est « JAMAIS ».
Comme solution, plutôt que de vous fixer comme objectif qu'on vous dise « Oui », fixez-vous comme objectif qu'on vous dise « Non ». Ainsi, le plus de « Non » qu'on vous dira, le plus vous serez à l'aise à poser des questions en vue de transformer les « non » en « peut-être » et les « peut-être » en « oui ».

Pensée énergisante : J'aime la vente. J'aime qu'on me dise « non » car ça m'emmène à améliorer mon niveau de persuasion.

Développer des pensées énergisantes à propos de la vente

Comme nous l'avons vu précédemment au Jour 1, pour développer des pensées énergisantes en lien avec la vente, vous devez imaginer que votre esprit est comme un disque compact comportant ces systèmes de pensées limitantes. Puis, vous devez vous imaginer en train d'égratigner la surface de ce disque avec une lime pour le rendre illisible. Finalement, vous devez ré-enregistrer et graver de NOUVELLES croyances dans les rayures.

De façon concrète, voici comment vous devez procéder :
-Retrouvez donc les pensées limitantes qui vous concernent et dans votre bloc-notes, écrivez-les sur les lignes 1, 2, 3, 4, 5 comme l'exemple ci-dessous. (Ne touchez pas tout de suite aux lignes 1b, 2b, 3b, 4b, 5b)

-Ensuite, avec votre stylo, faites un trait sur ces pensées limitantes.
-Réécrivez à la ligne 1b, 2b, 3b, 4b, 5b les pensées énergisantes.
-Répétez les pensées énergisantes comme un CD qui jouerait en boucle.

Exemple :

1. ~~Je ne suis pas un vendeur. Les vendeurs sont des personnes insistantes. Je ne veux qu'on me qualifie de vendeur.~~

1b. J'aime la vente car elle me permet de recommander le bon produit ou service pour solutionner le problème de plusieurs en échange d'une valeur monétaire juste.

2. ~~J'ai l'impression de déranger les gens quand je leur vends quelque chose.~~

2b. J'aime la vente. J'aime qu'on me dise « non » car ça m'emmène à améliorer mon niveau de persuasion.

3. ~~Mes clients potentiels ont déjà peut-être été approchés par des entrepreneurs qui proposaient le même produit ou la même solution. Je ne vois pas pourquoi ils seraient intéressés par ce que j'ai à offrir.~~

3b. J'ai de la valeur et je suis une solution pour plusieurs.

-Je suis un champion et je suis intelligent/Je suis belle, je suis une championne et je suis intelligente.

-Mon produit ou mon service est une solution aux problèmes de plusieurs.

Jour 2

Exercice:

En suivant le processus ci-dessus pour développer des pensées énergisantes à propos de la vente, retrouvez les pensées limitantes qui vous concernent et faites de même.

JOUR 3

DÉVELOPPER DES VALEURS PROFONDES

Après avoir brisé les pensées limitantes et développé des pensées énergisantes en lien avec l'argent et la vente, vous devez à présent développer des valeurs d'éthiques et d'intégrité.

Les valeurs à développer
Voici 7 valeurs à développer:
1. Ne donnez plus d'excuses! Faites arriver les choses!
2. Vous êtes responsable de tous vos échecs.
3. Apprenez quelque chose de nouveau chaque jour et appliquez-le.
4. En tant qu'entrepreneur, vous devez servir vos prospects et clients de manière avantageuse pour eux et avec la plus grande intégrité.
5. Traitez chaque personne comme des membres de votre famille

6. Se présenter à vos prospects et clients avec positivité, énergie et sourire n'est pas une option, c'est une obligation.
7. Soyez ponctuel(le) et dites la vérité TOUT LE TEMPS même si cela doit vous empêcher de faire une vente.

Une fois ces valeurs d'éthiques ainsi que d'intégrité connues et en train d'être développées, il faudrait redimensionner vos aspirations en recommençant à rêver.

Recommencer à rêver
Pour créer, multiplier et augmenter vos ventes, vous devez recommencer à rêver.

Quand nous étions enfants, nous rêvions à devenir médecin, juge, pilote, astronaute, champion olympique, superman ou superwoman, etc.

Et cette idée vous rendait toujours joyeux. En fait, le secret de la joie des enfants, c'est le rêve.

Je veux poser une question: qui se souvient encore de son rêve d'enfant ou d'étudiant ou autre?
La plupart ont oublié leurs rêves? Pourquoi?
Après l'université ou devenus adultes, une grande majorité des personnes ont arrêté de rêver à cause du manque d'emploi pour les personnes en quête d'emploi, à cause des difficultés financières de toutes sortes, ou même à cause des coups durs que la vie leur a donnée. Elles ont perdu espoir.
Mais en arrêtant de rêver, elles ont ouvert la porte, sans le savoir, à l'angoisse, au stress, à la mélancolie et au désespoir.

D'où le fait que des millions de personnes se laissent mourir à l'intérieur.

Norman Cousin disait: « La tragédie de la vie, ce n'est pas la mort mais ce que nous laissons mourir à l'intérieur de nous pendant que nous sommes vivants ».

Rêver signifie aspirer à des lendemains meilleurs et aspirer à être heureux.

Si vous voulez attirer plus de clients potentiels à vous et augmenter ainsi vos ventes, vous devez aspirer à mieux, vous devez aspirer à des lendemains meilleurs. S'il vous plaît, quittez le terrain sur lequel vous êtes positionné en ce moment. Arrêtez de tout évaluer en termes de manque: manque de client, manque d'argent, manque d'opportunités, etc.

Remerciez Dieu pour ce qu'Il vous a donné aujourd'hui et aspirez à mieux.

Je voudrais finir ce point en insistant sur le fait qu'il est ultra essentiel pour créer, multiplier et augmenter vos ventes: vous devez vous voir continuellement, et ce à chaque minute ou à chaque heure, en train d'attirer plus de clients.

Une autre raison pour laquelle vous devez recommencer à rêver, c'est que nous sommes tous des êtres humains. Et en tant que des êtres humains, nous avons tous des moments de faiblesse ou nous manquons de motivation pour faire ce que nous devons faire en tant qu'entrepreneur. Alors si un jour vous manquez de motivation ou si vous hésitez à faire une recommandation ou une offre à un client potentiel, le simple fait de vous rappeler votre rêve viendra vous motiver non seulement à faire la recommandation mais surtout à générer une vente.

Pour terminer, je voudrais rappeler que le rêve permet d'accomplir de grandes choses :

-Martin Luther King a écrit: «I have a dream». Des années plus tard, Barack Obama est devenu le premier président noir des USA.

-John Kennedy a rêvé et les USA furent la première nation à envoyer l'homme sur la lune.

-Nelson Mandela eut un rêve de liberté pour les Noirs Sud-africains et aujourd'hui l'apartheid est aboli.

Vous devez recommencer à rêver.

JOUR 4

S'ENGAGER AU SUCCÈS

Imaginons que vous venez de lancer une entreprise avec un concept innovateur et extraordinaire. Vous êtes à vos débuts.

Intéressée par votre concept, une importante entreprise (par exemple Apple) vous contacte pour signer un contrat de 2 milliards de dollars avec vous. Pour ce faire, vous retenez les services d'un chef de projet pour monter le projet et le finaliser.

Vous convenez avec Apple de vous rencontrer le mardi de la semaine prochaine, à 10h, dans le plus grand hôtel de la capitale de votre pays.

Vous vous mettez donc au travail avec votre nouveau chef de projet. Vous vous donnez à fond afin que tout soit fin prêt le lundi midi, car c'est un projet qui vous ouvrira de nombreuses portes et qui vous offrira des opportunités incroyables.

Le lundi midi, après des jours de travail acharné, le projet est finalisé. Vous êtes prêts pour la rencontre du lendemain. Vous demandez à votre chef de projet de venir avec son ordinateur pour la présentation et d'être à l'hôtel le lendemain pour 8h45 précises, car il s'agit du contrat du siècle. Vous lui suggérez donc de prendre son après-midi pour se reposer afin d'être en pleine forme le lendemain.

Le mardi matin, vous montrez votre leadership en arrivant à l'hôtel à 8h00. Vous vous assurez que toute l'installation est faite. À 8h30, tout est fin prêt. Vous recevez même une confirmation de la délégation d'Apple pour l'heure du rendez-vous.

À 8h45, point de chef de projet, point d'ordinateur. Vous vous dîtes qu'il a sûrement pris du retard à cause de l'embouteillage puisque l'hôtel est situé en plein centre-ville.

À 9h00, il n'est toujours pas arrivé. Vous commencez à vous inquiéter et vous décidez de l'appeler. Son téléphone sonne et il ne décroche pas. Vous lui laissez un message pour qu'il vous rappelle d'urgence.

À 9h30, aucune nouvelle du chef de projet : il ne décroche toujours pas son téléphone; le comble, c'est qu'il n'a pas rappelé.

À 9h45, la délégation d'Apple arrive. Vous vous assurez qu'ils sont bien installés. Vous leur demandez de vous excuser pour passer un coup de fil important. Vous sortez de la salle pour tenter de joindre votre chef de projet qui est toujours absent. Vous essayez à maintes reprises de l'appeler mais en vain. Lorsque vous essayez pour la dernière fois, à votre grande surprise, son téléphone est éteint. Il est 9h55 à votre montre. Dans 5 minutes, la présentation du projet est censée débuter : ni le chef de projet, ni l'ordinateur ne sont encore arrivés. Vous retournez dans la salle de réunion espérant le trouver, mais il n'y est pas.

Le chef de la délégation d'Apple se rapproche de vous et vous informe qu'Apple a des exigences strictes en matière de ponctualité et de délai et qu'il vous accorderait jusqu'à 10h15 pour débuter, faute de quoi ils se verront dans l'obligation de mettre fin à ce partenariat d'affaires.

À 10h15, votre chef de projet est toujours absent.

La délégation d'Apple vous remercie et sort de la salle de réunion: vous venez de perdre un contrat de 2 milliards de dollars de même que votre crédibilité à cause de votre chef de projet. Comment vous sentiriez-vous à ce moment précis?

À 10h20, alors que vous vous apprêtez à quitter l'hôtel, votre chef de projet arrive tout essoufflé. Il s'excuse et vous explique qu'il s'est levé en retard car il s'est couché la veille à une heure tardive. Qu'allez-vous lui dire ou lui faire?

Supposons maintenant que ce chef de projet, en fait, c'est vous-même! Comment allez-vous réagir?

C'est exactement ce qui se passe dans la vie de 95% de la population. Ils sont incapables, comme ce chef de projet, de tenir leur engagement. Ils prennent des décisions le 31 décembre de chaque année pour tout abandonner le 15 janvier de l'année suivante.

Vous savez, en chacun de nous, il y a le boss et le chef de projet :
-votre homme intérieur est le boss: c'est lui qui aspire à vivre heureux, à réaliser de très grands projets, à remporter des

trophées, à écrire des livres, à bâtir des entreprises prospères, etc. C'est lui qui en a assez de cette situation financière précaire; c'est lui qui veut se surpasser, qui veut augmenter les ventes et conquérir le monde...

-votre homme extérieur, lui, est le chef de projet: c'est celui qui est censé passer à l'action afin de réaliser le désir ou le rêve d'augmenter vos ventes et de conquérir le monde auquel aspire votre homme intérieur. Et c'est lui qui présentement est en train de lire ce livre, dans le but de changer la vie de l'homme intérieur.

Combien de fois, votre homme extérieur a-t'il pris des décisions qu'il n'a pas tenues? Vous rappelez-vous le nombre de fois que vous vous êtes retourné dans votre lit en pleine nuit parce que vous étiez fatigué d'être fatigué de cette vie médiocre? Vous souvenez-vous du nombre de fois où, cette même nuit, vous avez pris la décision de changer les choses? Et est-ce que vous vous rappelez combien de fois votre homme intérieur a confié la responsabilité à votre homme extérieur de réaliser ce projet mais que ce dernier a tout abandonné quelque temps plus tard?

Vous voyez, il est facile de prendre des cours pour augmenter vos ventes, de chercher à obtenir un baccalauréat, une maîtrise ou un doctorat; mais ce ne sont là que des « outils » pour changer votre vie. Combien de diplômés aujourd'hui pleurnichent parce qu'ils n'ont pas d'emploi? Il est bien d'acquérir des compétences, mais sans engagement solide, cela ne servira à rien. Quelqu'un qui au contraire prend un engagement ferme de changer sa vie ou de réussir un projet finira par trouver les outils qu'il faut pour y arriver.

En joignant ce programme, vous démontrez votre volonté de créer, de multiplier et d'augmenter vos ventes. Mais laissez-moi être franc avec vous: il ne fait que vous équiper. Il ne peut pas remplacer votre engagement d'y arriver coûte que coûte.

Vous devez être résolu à mener ce projet jusqu'à la fin quelles que soient les embûches et les difficultés.

MODULE 2

DIVERSIFIER VOS SOURCES DE REVENUS

JOUR 5

COMPRENDRE LES CONCEPTS DE BASE

La compréhension des concepts de base permet de mieux aborder le dynamisme autour de l'argent.

La définition du mot « argent »
J'aime particulièrement cette définition de l'argent, tirée du livre de T. Harv Eker, "The Good Millionaire" :
« L'argent est un moyen pratique et convenable d'échanger de la valeur entre des personnes. » Ce qui signifie que l'argent est une alternative au troc: nous n'avons plus besoin de tirer nos bœufs pour les échanger contre des œufs.

La règle incontournable pour générer de l'argent
Pour cerner la règle incontournable pour générer l'argent, T. Harv Eker, dans son livre "The Good Millionaire", nous pose deux questions :

- D'où recevons-nous tout notre argent?
Nous recevons tout notre argent des autres.

- Maintenant, pourquoi les autres nous donneront-ils leur argent?
Les autres nous donnent leur argent parce qu'ils estiment que nous pouvons résoudre un grand ou un petit problème pour eux.

La définition du mot « entrepreneur »
Un entrepreneur est une personne qui identifie et résout les problèmes des autres à travers des biens et services qu'elle distribue en échange d'une rémunération.

Identifier des problèmes à résoudre
La capacité à identifier les problèmes de son environnement est l'arme secrète de tout entrepreneur. L'entrepreneuriat étant l'art de trouver des solutions rentables aux problèmes des autres, tout entrepreneur qui a du succès a été en mesure d'identifier un problème et de lui trouver une solution avant que quelqu'un d'autre ne le fasse. Vous devez trouver un besoin et le combler rapidement.

Les besoins et les désirs humains sont illimités. Par conséquent, les possibilités de l'entrepreneuriat et de la réussite financière le sont aussi. Les seules contraintes qui vous empêchent de les voir sont les limites que vous placez dans votre propre imagination.

De même qu'un employé est toujours à la recherche d'un emploi bien rémunéré avec des avantages sociaux, de même un entrepreneur est toujours à la recherche de nouveaux problèmes à résoudre. De même qu'un employé est toujours à la recherche d'informations sur de nouveaux diplômes lui permettant d'être unique dans son domaine afin de décrocher un emploi bien payé, de même un entrepreneur est toujours à la recherche d'informations sur les besoins de son environnement. Tout besoin est un problème à résoudre. En effet, il existe deux types de besoins que les entrepreneurs observent ou recherchent: les besoins actuels et les besoins futurs.

Les besoins actuels portent généralement sur des produits ou services qui existent déjà mais qui ne sont pas présents ou représentatifs dans certaines zones géographiques (ou certains endroits) ou encore portent sur l'amélioration des produits et services existants. Pour appréhender ce genre de besoins, il faut:
- observer avec beaucoup d'attention les habitudes des personnes qui vous entourent;
- poser des questions sur certains produits/services existants et écouter avec attention le niveau de satisfaction ainsi que les insuffisances énumérées;
- rechercher des produits ou services que les gens utilisent dans d'autres endroits;
- observer les problèmes récurrents dans votre environnement et le type de solutions apportées;
- lire la bibliographie d'entrepreneurs à succès afin de comprendre leur état d'esprit.

Exercice:
Listez des problèmes actuels que les personnes rencontrent autour de vous:

Les besoins futurs, quant à eux, portent sur l'amélioration des conditions de vie ou sur l'émergence des marchés. Par exemple, l'agriculture est passée de la version manuelle à la version mécanique puis à la version industrielle. Dans la majorité des cas, les besoins futurs sont appréhendés par des rêveurs ayant la volonté de changer les habitudes du monde par l'innovation. Pour ce faire, il faut:
-exercer votre cerveau à la créativité en échangeant le plus souvent avec des enfants en bas âge car ils ont l'imagination fertile.
-partager vos idées avec certaines personnes et voir si vous serez traités de fou. Si oui, alors vous êtes sur la bonne voie.

Exercice
Listez des problèmes futurs que les personnes rencontreront autour de vous :

Note: Même si vous avez déjà un produit ou un service que vous commercialisez, identifiez quand-même le problème que votre produit ou service résout.

JOUR 6

IDENTIFIER LES PROBLÈMES POUR LESQUELS IL EXISTE DÉJÀ UN MARCHÉ

Le tout n'est pas seulement d'identifier un problème. Encore faut-il qu'il existe un marché sur lequel sa solution est échangée.

Pour découvrir cela, vous devez vous poser deux questions.
La première question revient à poser le problème des niches:
-Parmi les problèmes actuels et futurs que j'ai identifiés au jour 5, pour lesquels les gens dépensent-ils de l'argent actuellement afin de trouver une solution?
Il existe plusieurs niches. Cependant, il y en a trois principales:
- Santé
- Finances
- Relations

La deuxième question permet d'identifier le marché.

Existe-t-il un marché lucratif dans ce secteur ?
La réponse à cette question nous permet de choisir un marché parmi les plus lucratifs dans chacun des trois secteurs que nous présente Matthias Mazur dans sa formation *Conversion magique:*.

1. Santé
   Marché de la perte de poids
   Marché de la vitalité
   Marché du développement musculaire
   Marché de la confiance en soi
   Marché du développement personnel
   Marché de l'image de soi
   Marché de la beauté

2. Finances
   Marché de l'entrepreneuriat/marketing
   Marché de l'investissement financier
   Marché du développement web
   Marché de la création de site internet
   Marché de la gestion de trafic
   Marché des services internet

3. Relations
   Marché du succès en couple
   Marché des relations interpersonnelles
   Marché des fiançailles et accompagnement au mariage
   Marché de la gestion des conflits

Exercice:

En partant des problèmes actuels et futurs énumérés au jour 5, listez les problèmes pour lesquels il existe déjà un marché (lucratif de préférence).

Note: Il est préférable de choisir un problème (ou des problèmes) pour lequel (ou lesquels) il existe un marché lucratif.

Cependant, si vous avez déjà un produit/service ou si avez ciblé un problème qui ne fait pas partie des 3 niches avec des marchés lucratifs, assurez-vous qu'il existe des marchés pour ce produit/service ou problème.

Exercice:

Pour ceux qui vendent des produits, utilisez Amazon pour faire une recherche à partir du nom de votre produit.

Pour ceux qui vendent des services, utilisez Google pour faire une recherche à partir du nom de votre service.

JOUR 7

IDENTIFIER VOS SPÉCIFICITÉS

Vous êtes-vous déjà posé ces questions:
-Que ferai-je le restant de ma vie ?
-Quel est mon but sur terre ?
-Quel est le meilleur business ou la meilleure carrière pour moi ?
-Comment pourrais-je aimer mon travail ?
-Quelles sont les activités que je fais naturellement ou celles que je prends plaisir à faire ?
-Quelles sont les activités que je serai capable de faire même si je n'étais pas rémunéré ?

En répondant à ces questions, vous serez en mesure de découvrir vos spécificités sous 3 formes comme proposé par T. Harv Eker, dans "The Good Millionaire" :

-Passion: cette spécificité vous rend capable de faire des activités même si vous n'êtes rémunérés.

-Connaissance: cette spécificité vous permet d'utiliser vos connaissances académiques ou professionnelles pour accomplir un type de travail.

Exemple: passé professionnel, connaissances spécialisées, expériences antérieures.

-Talents naturels ou acquis: cette spécificité vous rend capable de faire naturellement un travail spécifique et même de prendre plaisir à le faire.

Exemple: Aides offertes par le passé et comment celles-ci ont permis de résoudre des problèmes.

Exercice :

Listez vos spécificités en les regroupant sous les 3 formes suivantes:
Passion-Connaissance-Talents naturels ou acquis

-Passion=
-Connaissance=
-Talents naturels ou acquis=

JOUR 8

SÉLECTIONNER LES PROBLÈMES À RÉSOUDRE

En utilisant la liste des problèmes retenus avec des marchés lucratifs énumérés au jour 6, choisissez de résoudre les problèmes qui ont des marchés lucratifs et pour lesquels vous avez de la passion, de la connaissance (ou pour lequel vous êtes prêt à aller chercher la connaissance ou recruter quelqu'un qui a la connaissance) ainsi que du talent (naturel ou acquis).

En conclusion, choisissez de résoudre les problèmes qui ont ces 4 critères :
    -les problèmes qui ont des marchés lucratifs,
    -les problèmes pour lesquels vous avez de la passion,
    -les problèmes pour lesquels vous avez de la connaissance(ou pour lesquels vous êtes prêt à aller chercher la connaissance qu'il faut ou recruter quelqu'un qui a la connaissance),
    -les problèmes pour lesquels vous avez des talents naturels ou acquis.

JOUR 9

CONNAITRE VOTRE PROSPECT IDÉAL

Une fois que vous avez choisi le problème que vous décidez de résoudre, la prochaine étape est de connaitre parfaitement votre client potentiel.
La première question à se poser pour découvrir qui est votre prospect idéal est :
- Qui rencontre ce problème que je veux résoudre?
- Parmi toutes les personnes qui rencontrent ce problème, quel groupe spécifique voudrais-je aider ou avec quel groupe voudrais-je travailler?
La règle pour créer l'argent nous démontre que nous sommes payés lorsque nous solutionnons les problèmes des autres. Cependant, parmi les personnes qui apportent les solutions, il y a une différence de rémunération en fonction de la taille du problème résolus. Plus le problème résolu est grand, plus la rémunération sera grande.

Exemple :
Aide-soignant vs l'infirmier
L'infirmier vs le médecin généraliste
Le médecin généraliste vs le chirurgien.
Mais la question à se poser est : « Qu'est-ce qui fait que la rémunération est grande lorsque le problème est grand » ? C'est la spécificité de la solution. Plus la solution est spécifique, plus le prix est élevé. Et pour que votre solution soit spécifique, vous devez bien connaître votre client potentiel.
Souvenez qu'un chirurgien gagnera toujours plus d'argent qu'un généraliste car il est perçu comme un expert. Dans un marché, il est toujours mieux d'être perçu comme un expert que comme un généraliste. Vous voulez et devez être perçu comme le « chirurgien de votre marché ». Ce positionnement vous permettra d'avoir davantage d'autorité et donc, de générer plus de revenus. »
Pour mieux connaitre votre client potentiel, commencez par réaliser ce petit exercice. Il vous permettra de vous poser les bonnes questions et de dresser un portrait précis de vos futurs clients.

Répondez avec précision aux questions suivantes proposées par Matthias Mazur dans sa formation *Conversion magique*:

A-Situations actuelles
Quelles sont les plus grandes peurs du prospect ?
....
Quels sont ses désirs superficiels et/ou profonds ?

....

Quelles sont ses douleurs ?

....

Quelles sont ses difficultés ?

....

Quels sont les obstacles rencontrés dans sa vie ?

....

Quelles expériences a-t-il eu avec des solutions similaires ?

....

Qu'est-ce qui le garde éveillé la nuit ?

....

Quels domaines de la vie sont affectés par ce(s) problème(s) ?

....

B-Objectifs

Quels sont ses rêves?

....

Quelles sont ses aspirations profondes ?

....

Quels sont ses besoins?

....

Quelles sont ses attentes?

....

Exemple de profil du prospect idéal:

A-Situation actuelle

Olivier a 45 ans et il est salarié à temps plein avec un revenu de 50k. Il est marié et père de 3 enfants. Il est propriétaire d'une belle maison.

- C'est un passionné en général dans la vie et il aime aider les autres; à ce titre, il est bénévole dans différentes Organisations à But Non Lucratif (ONG en France).

- Au début, il aimait son emploi, mais depuis quelques années, vu la pression des objectifs au travail et les responsabilités financières liées à la famille, il commence de plus en plus à penser à générer des revenus par lui-même.

- Il est de moins en moins satisfait de son salaire vu l'augmentation du coût de la vie et a l'impression de constamment manquer d'argent. Il commence donc à penser qu'il travaille assez dur pour son argent sans pouvoir en profiter et en épargner suffisamment.

- À cause du jeune âge de ses enfants, il aimerait avoir plus de flexibilité dans son horaire au cas où ses enfants auraient des problèmes de santé.

- Il est au milieu de sa carrière, mais le montant de ses dettes actuelles commence à l'inquiéter un tout petit peu et il se demande comment il pourrait générer plus d'argent sans quitter son emploi (pour l'instant) dans le but de rembourser plus rapidement ses dettes.

- Depuis qu'il a recommencé à rêver, il est de plus en plus frustré de toujours manquer d'argent et de temps pour réaliser et vivre ses rêves.

- C'est vrai qu'il a déjà pensé quitter son emploi et utiliser sa passion pour lancer une entreprise, mais la peur de manquer d'argent (pour faire face aux charges mensuelles) l'a toujours découragé. Et il craint de devoir continuer à avoir un emploi à temps plein jusqu'à la retraite.

- Il lui arrive de se réveiller souvent en pleine nuit pour se demander s'il pourra un jour vivre de sa passion sans risquer la sécurité de sa famille.

- Il a toujours cru que le succès est possible, alors il n'hésite pas à investir dans sa croissance personnelle même s'il doit utiliser sa carte de crédit.

- Il a un bachelor et se considère comme une personne assez intelligente par rapport à la moyenne. Il est quelqu'un de très travaillant et sait faire des sacrifices quand il est motivé.

- Il est aussi autodidacte de nature et est convaincu qu'avec un mentor il ira vite. Il est sûr qu'il atteindra ses objectifs avec la bonne stratégie et un bon suivi.

Peur: Il a peur de quitter son emploi et risquer ainsi sa sécurité financière pour générer des revenus (avec sa passion) à temps plein.

Crainte: Il craint de devoir occuper un emploi jusqu'à la retraite sans pouvoir réaliser et vivre ses rêves.

Problèmes : Il manque d'argent pour faire face aux charges mensuelles et rembourser ses dettes. Il manque de flexibilité dans son horaire de travail et manque de temps pour passer plus de moments de qualité avec sa famille. Il manque également d'épargne pour arrêter de travailler afin de se former sur comment transformer sa passion en entreprise profitable mais également, il manque de temps pour s'auto-former vu qu'il travaille 40h/semaine et doit aussi s'occuper de sa famille.

Conséquences sur sa vie : Il est frustré de ne pas pouvoir vivre de sa passion, de constamment manquer d'argent et de temps. Il a l'insomnie de temps en temps. Il n'est plus motivé par son travail mais vu qu'il n'a pas suffisamment d'épargne, il doit continuer à y aller. Cependant en restant à son emploi, il n'a pas également suffisamment de temps pour s'auto-former rapidement.

B-Objectifs
-Rêves: Il rêve d'aider beaucoup de personnes, donner des conférences, voyager dans le monde entier et passer plus de temps avec sa famille.
-Aspirations profondes : Plusieurs histoires lues sur internet concernant la possibilité de générer des revenus à partir de sa passion ont suscité beaucoup d'intérêt chez lui et ont réveillé ses rêves d'enfant.
-Besoins : Il a besoin de trouver la solution optimale qui lui permettra de générer rapidement des revenus supplémentaires par lui-même en débutant une affaire.
-Attentes : Il sait que s'il a la bonne stratégie, il aura du succès. Alors, il est à la recherche de la formation ou du coaching qui lui donnera les outils nécessaires pour combler son besoin.

<u>Exercice</u> :
Rédigez le profil de votre prospect idéal.

JOUR 10

APPORTER LA SOLUTION AUX PROBLÈMES SÉLECTIONNÉS

À ce stade, vous êtes outillé pour apporter LA SOLUTION au(x) problème(s) retenue(s) et non une solution.

Quelle est la différence?

Une solution permet de résoudre une partie du problème sans toutefois régler les craintes ou les aspirations profondes du client potentiel.

LA SOLUTION, quant à elle, apporte une transformation totale: ce qui veut dire qu'elle va conduire le client potentiel de **sa situation actuelle** (**POINT A**: ses problèmes, ses craintes, ses peurs) vers **ses objectifs** (**POINT B**: ses rêves, ses aspirations profondes, ses besoins, ses attentes).

La différence majeure entre une solution et LA SOLUTION se trouve dans la capacité d'apporter une transformation au client potentiel: celle de l'aider à passer de sa situation actuelle (POINT A) à l'atteinte de ses objectifs (POINT B).

Il y a plusieurs raisons pour lesquelles des clients potentiels achètent et Jim Edwards dans son livre « Copywriting Secrets » nous en présente dix auxquelles j'ai ajouté une onzième. Les connaitre vous aidera à mieux élaborer LA SOLUTION.

1- Gagner de l'argent
2- Sauver de l'argent
3- Sauver du temps
4- Éviter de faire des efforts
5- Éviter une souffrance mentale ou physique
6- Avoir plus de confort
7- Atteindre une plus grande propreté ou hygiène pour avoir une meilleure santé
8- Avoir des éloges ou être acclamé
9- Augmenter leur popularité ou leur statut social
10- Trouver l'amour ou se sentir plus aimé(e)
11- Avoir la sécurité

Ce sont les raisons que les gens utilisent pour justifier un achat. Il s'agit de ce qu'on appelle en anglais leur « Why ».

Enfin, vient le moment de rédiger votre solution. Vous devez la résumer en une phrase claire, concise et simple et elle doit s'articuler en 3 parties.

-1ere partie : Aider ou accompagner qui?
Exemple : Aider ou accompagner les femmes célibataires de 40 ans et plus.

-2e partie : À atteindre quel objectif ou à éviter quelle douleur? (Utilisez ou renommez l'une des 10 raisons pour lesquelles les gens achètent).
Exemple : À trouver une âme sœur

-3e partie : Même si ou sans ... (faire ressortir une objection ou une douleur de votre client potentiel).
Exemple : Sans s'inscrire sur un site de rencontre.

En résumé, la solution se présente comme suit: Aider ou accompagner (**Qui?**) à (**atteindre quel objectif ou à éviter quelle douleur?**) même si ou sans (**mentionner une objection ou une douleur de votre client potentiel**).
Exemple: Accompagner les femmes célibataires de 40 ans et plus à trouver leur âme sœur sans s'inscrire sur un site de rencontre.

Exercice :
Je vous invite maintenant à écrire votre solution unique en suivant le procédé ci-dessus.

JOUR 11

TRANSFORMER VOTRE SOLUTION EN PRODUIT OU SERVICE

Pour transformer votre solution en produit ou service adapté à la situation actuelle de votre prospect idéal ainsi qu'à ses objectifs, il faut répondre à la question suivante: « Sous quelle forme devrais-je présenter ma solution » ?

En effet, un produit ou service n'est rien d'autre que la forme qui mène votre prospect idéal du point A (sa situation actuelle au point B (ses objectifs). C'est pourquoi il ne faut pas oublier que les clients n'ont rien à faire avec votre produit ou votre service. Ils ne recherchent que la solution à leur problème.

Vous trouverez donc ci-dessous une liste de produits ou services proposée par Dr Denis Cauvier et Alan Lysaght, auteurs du bestseller international *La méthode ABC pour faire de l'argent* dans lesquels vous pouvez transformer votre solution:

- **Opportunités portant sur des produits ou services existants:**
- imiter des produits ou services réussis,
- assembler des produits existants,
- remettre en état des pièces fabriquées,
- substituer des matériaux dans des produits existants,
- fabriquer à partir d'une licence existante,
- ajouter de la valeur aux produits ou services existants (améliorer des produits ou services existants afin d'augmenter la satisfaction des consommateurs),
-devenir distributeur de produits ou services existants dans de nouvelles villes ou zones géographiques négligées ou oubliées,
-exporter ou importer des produits ou services existants vers de nouveaux marchés.

- **Opportunités portant sur de nouveaux produits ou services:**
- inventer de nouveaux produits ou services,
- inventer des compléments aux produits existants,
- combiner deux produits ou services pour en fabriquer/élaborer un nouveau,
-identifier de nouvelles possibilités à partir d'un brevet existant,
-trouver de nouvelles approches aux services existants,
-trouver une manière de rendre les déchets utiles,
-analyser les lacunes ou pénuries du marché et les combler,

-se porter comme fournisseur pour un autre fabricant,
-identifier des groupes de clients uniques et personnaliser des produits ou services pour eux,
-offrir des services de consultation ou d'information,
-identifier un domaine d'études ou d'activités qui vous passionne et écrire un livre visant à répondre à des questions sur un sujet particulier.

- **Opportunités portant sur les activités ou tendances du marché:**

-prendre avantage des fêtes calendaires (fêtes de Noël, de la Saint-Sylvestre, de Tabaski, de Ramadan, de la Saint-valentin ou de Pâques, etc.) pour commercialiser des produits existants ou innover des produits ou services,
-prendre avantage d'un changement de marché,
-prendre avantage d'une mode,
-prendre avantage d'une situation ou circonstance exceptionnelle.

Présentez un produit ou un service différent
Vous devez avoir une façon unique de résoudre ce problème qui est différente de la façon dont vos compétiteurs le font afin de donner une raison à vos clients potentiels d'acheter avec vous.
8 façons de rendre votre produit ou service unique
- Type de produit ou de service
- Facilité d'utilisation ou de mise en exécution
- Convenance
- Vitesse

- Niveau de confiance ou de garantie
- Accompagnement ou service à la clientèle
- Expertise
- Expérience client

Exercice :

C'est le moment de décrire ou de concevoir le type de produit ou service que vous avez retenu.

JOUR 12

PLANIFIER VOTRE SYSTÈME D'AFFAIRE

Le système d'affaire est totalement l'opposé du plan d'affaire.

Pendant que le plan d'affaire prend en compte tous les aspects d'une entreprise (la description du projet, la présentation des promoteurs, la forme juridique de l'entreprise, sa forme organisationnelle, les produits et les services offerts, l'élaboration du marketing, l'élaboration du processus interne, les prévisions financières), le système d'affaire ne s'intéresse qu'à un seul point: comment attirer des clients afin de générer des revenus rapidement. Ainsi pendant que leurs concurrents perdent de nombreuses heures à monter leur plan d'affaire, à monter un site web couteux, à essayer de créer une énorme page sur les réseaux sociaux pour avoir l'air important, à confectionner et à distribuer des cartes de visites à droite et à gauche, à faire des vidéos avec de belles filles dans de belles voitures, nos clients qui appliquent ce qu'on leur enseigne génèrent des revenus récurrents avant même d'incorporer leur entreprise, créer un site web ou imprimer des cartes de visites.

Aujourd'hui, il y a beaucoup de faillite dans les entreprises en démarrage car il y a tellement de coachs qui enseignent que générer des revenus n'est pas le plus important. C'est un mensonge.

Après avoir échoué deux fois en essayant de lancer deux entreprises, je me suis finalement rendu compte que je négligeais la fonction la plus importante de l'entrepreneuriat: le système marketing que j'appelle "système d'affaire".
Car pas de système marketing = pas de clients
Pas de clients = pas de chiffres d'affaires
Pas de chiffres d'affaires = pas de profits
Pas de profits = faillite

Que recherche un entrepreneur ou une personne qui lance un nouveau produit ou service? Faire des ventes rapidement, n'est-ce pas?

La maîtrise du système d'affaire vous permet d'atteindre cet objectif.

Qu'est-ce que le système d'affaire?

Le système d'affaire est un processus d'affaire ayant pour objectif principal d'emmener votre client de rêve à poser les actions suivantes:

1. Voir votre annonce en ligne - Cliquer sur un lien - S'inscrire - Acheter ou compléter le paiement; ou

2. Voir votre annonce en ligne - Cliquer sur un lien - S'inscrire - Venir assister à votre évènement - Acheter des produits ou services; ou

3. Lire ou écouter votre annonce – Vous contacter, vous visiter ou visiter votre site web – S'inscrire et/ou acheter des produits ou services.

Pour atteindre cet objectif, le système d'affaire est constitué de 3 étapes:
- Concevoir une offre irrésistible
- Attirer des prospects ultra-ciblés
- Convertir les prospects intéressés en clients

Tant que l'entrepreneur garde les yeux sur ces 3 étapes, il garde le focus sur son entreprise.

Comment fonctionne le système d'affaire?

Nous verrons tout d'abord comment concevoir une offre irrésistible, ensuite comment attirer votre client potentiel et comment convertir votre client potentiel en client confirmé.

MODULE 3

CONCEVOIR L'OFFRE

JOUR 13

QUESTIONS À VOUS POSER AU SUJET DE VOTRE PRODUIT OU SERVICE

Il y a 12 questions stratégiques à se poser au sujet de son produit ou service avant de concevoir son offre que nous révèle Jim Edwards dans son livre « Copywriting Secrets ».

1- Quelles sont les 3 façons dont mon produit ou service aidera mes clients potentiels à gagner de l'argent?
....

2- Comment je peux (ou mon produit ou mon service) les aider à dépenser moins d'argent au cours des prochaines semaines, mois ou année?
....

3- Combien de temps je peux leur faire gagner avec mon produit ou service et que d'autre peuvent-ils faire avec ce temps?
....

4- Quel effort n'ont-ils plus à faire une fois qu'ils obtiennent mon produit ou service?
....

5- Quelle souffrance physique j'élimine pour eux et qu'est-ce que cela signifie pour leur vie et leur entreprise?
....

6- Comment mon produit ou service élimine leurs souffrances mentales ou leurs inquiétudes?
....

7- Quelles sont les 3 façons dont mon produit ou mon service peut aider mes clients à se sentir plus confortable?
....

8- Comment mon produit ou service leur permet d'atteindre plus facilement la propreté ou l'hygiène?
....

9- Comment mon produit ou service peut leur permettre d'être plus en bonne santé?
....

10- Quelles sont les 3 façons dont mon produit ou service peut aider mes clients à se sentir plus aimés (par leur famille, amis, etc.)?
....

11-Comment le fait de payer mon produit ou service peut les aider à devenir plus populaire ou à augmenter leur statut social?

....

12-De quelle manière mon produit ou mon service pourrait permettre à mes clients d'atteindre un niveau de sécurité optimal?

....

En répondant à ses questions de façon exhaustive, vous trouverez exactement comment votre produit ou service apportera une transformation dans la vie de vos clients.

Exercice:

C'est le moment de répondre aux douze questions ci-dessus afin d'être prêt pour la conception de votre offre de produit ou service.

JOUR 14

ÉLABORER VOTRE OFFRE DE PRODUIT OU SERVICE

Pour élaborer votre offre, vous devez absolument compléter l'exercice du jour 13 qui consiste à répondre aux 12 questions stratégiques à se poser au sujet de son produit ou service. Car ce sont les réponses à ces questions qui vous permettront de concevoir votre offre.

1- Exemple d'offre de produit

Voici l'offre Fire TV Stick Lite pris sur Amazon :

- Notre appareil Fire TV le plus économique - Profitez d'une diffusion rapide en Full HD. Télécommande vocale Alexa | Lite incluse.

- Appuyez et demandez à Alexa - Utilisez votre voix pour effectuer facilement des recherches rapides et lancer des séries télévisées sur de nombreuses applications.

- Des milliers de chaînes, de Skills Alexa et d'applications - Incluant Netflix, YouTube, Prime Video,

Disney+, Apple TV, et CTV. Des frais d'abonnement peuvent s'appliquer.

- Obtenez un accès illimité à des milliers de films et de séries télévisées inclus dans votre abonnement Prime.

- Télévision en direct - Regardez vos chaînes de télévision en direct, vos nouvelles et vos sports préférés en vous abonnant à Sportsnet, Red Bull TV, et bien plus.

- Télévision gratuite - La diffusion en continu est gratuite sur YouTube, CBC Gem, ICI TOU.TV et Tubi.

- Écoutez de la musique - Diffusez du contenu sur Amazon Music, Spotify, et autres. Des frais d'abonnement peuvent s'appliquer.

- Facile à installer et à dissimuler - Branchez l'appareil derrière votre télévision, allumez la télévision et connectez-vous à Internet pour compléter la configuration.

- Certifié pour les humains : fini les difficultés, le bricolage et le stress ! Pas de patience nécessaire : tout est simple.

En utilisant les 11 raisons pour lesquelles les gens achètent (Voir JOUR 10), essayons de voir si cette offre prend en compte certaines d'entre elles:

• *Sauver l'argent*. Notre appareil Fire <u>TV le plus économique</u> - Profitez d'une diffusion rapide en Full HD. Télécommande vocale Alexa | Lite incluse.

• *Éviter de faire des efforts*: Appuyez et demandez à Alexa - <u>Utilisez votre voix pour effectuer facilement des</u>

recherches rapides et lancer des séries télévisées sur de nombreuses applications.

• **_Plus de confort_**: Des milliers de chaînes, de Skills Alexa et d'applications - Incluant Netflix, YouTube, Prime Video, Disney+, Apple TV, et CTV. Des frais d'abonnement peuvent s'appliquer.

• **_Plus de confort_**: Obtenez un accès illimité à des milliers de films et de séries télévisées inclus dans votre abonnement Prime.

• **_Plus de confort_**: Télévision en direct - Regardez vos chaînes de télévision en direct, vos nouvelles et vos sports préférés en vous abonnant à Sportsnet, Red Bull TV, et bien plus.

• **_Sauver l'argent_**: Télévision gratuite - La diffusion en continu est gratuite sur YouTube, CBC Gem, ICI TOU.TV et Tubi.

• **_Plus de confort_**: Écoutez de la musique - Diffusez du contenu sur Amazon Music, Spotify, et autres. Des frais d'abonnement peuvent s'appliquer.

• **_Éviter de faire des efforts/Sauver du temp_**: Facile à installer et à dissimuler - Branchez l'appareil derrière votre télévision, allumez la télévision et connectez-vous à Internet pour compléter la configuration.

• **_Éviter de faire des efforts_**: Certifié pour les humains: fini les difficultés, le bricolage et le stress ! Pas de patience nécessaire : tout est simple.

2- **Exemple d'offre de service**

Voici l'une de mes offres pour rédiger et publier son premier livre :

- 6 sessions d'appel 1/1 - Participez à des sessions de coaching personnalisées pour éliminer tout stress et publier rapidement votre livre.

- Suivi email 6 mois - Envoyez des courriels si vous avez des questions spontanées qui vous viennent à l'esprit et nous vous répondons dans 24k à 48h maximum. Facile et rapide.

- Autoédition et publication de votre premier livre — Ne subissez plus de frustrations de la part des maisons d'éditions en plus sans contrat et sans vendre vos droits d'auteurs.

- Entrevue à une émission webtélé pour le lancement du livre - Profitez de 15 min de visibilité pour bâtir votre crédibilité et augmenter ainsi vos ventes.

- Opportunités d'affaire — Diversifier vos sources de revenus et générer plus d'argent.

En utilisant les 11 raisons pour lesquelles les gens achètent, essayons de voir si cette offre prend en compte certaines d'entre elles:

•**Sauver du temps/Éviter une souffrance mentale**: 6 sessions d'appel 1/1 - Participez à des sessions de coaching personnalisées pour <u>éliminer tout stress et publier rapidement</u> votre livre.

• **Avoir plus de confort**: Suivi email 6 mois - Envoyez des courriels si vous avez des questions spontanées qui vous viennent à l'esprit et nous vous répondons dans 24k à 48h maximum. <u>Facile et rapide</u>.

- **Avoir des éloges ou être acclamé/ Éviter une souffrance mentale**: Autoédition et publication de votre premier livre - <u>Devenez auteur sans subir de frustrations de la part des maisons d'éditions</u>; en plus sans contrat et sans vendre vos droits d'auteurs.
- **Augmenter leur popularité ou leur statut social**: Entrevue à une émission webtélé pour le lancement du livre - Profitez de <u>15 min de visibilité pour bâtir votre crédibilité</u> et <u>augmenter ainsi vos ventes</u>.
- **Gagner de l'argent**: Opportunité d'affaire - <u>Diversifier vos sources de revenus et générer plus d'argent</u>.

Après avoir conçu l'offre, présenter le montant de l'investissement comme suit:
- prix de départ,
- réduction et condition de réduction,
- prix de promotion pour une durée limitée (avec ou sans modalités de paiement)

Exemple:
Prix régulier = 4 997$
Réduction de 60% <u>si achat immédiat</u>
Prix promotion= 2 997$ <u>en vigueur jusqu'à la fin de la journée</u>

Exercice:
Élaborez votre offre de produit ou service et fixez le prix de l'investissement.

MODULE 4

ATTIRER LES PROSPECTS ULTRA-CIBLÉS

JOUR 15

OÙ SE TROUVE VOTRE PROSPECT IDÉAL?

Il s'agit ici de se demander où se trouvent vos clients potentiels?

- Quels sites internet visitent-ils?
- Sont-ils sur Facebook ou sur Instagram? Quels sont leurs sujets d'intérêts sur les réseaux sociaux? À quelles pages Facebook sont-ils abonnés?
- Sont-ils sur LinkedIn?
- Quel est leur passe-temps?
- De quels groupes sont-ils membres?
- À quelles newsletters sont-ils abonnés?
- Quels blogs lisent-ils? Quels journaux lisent-ils? Quels livres achètent-ils?
- Aiment-ils le sport ou la musique? La pêche ou la cuisine?
- Quelle est leur passion?

Cependant, pour avoir ce type d'informations, vous devez d'abord savoir qui sont vos clients potentiels. C'est pourquoi vous devez absolument compléter l'exercice du JOUR 9.

Ce point est vraiment important car vous pouvez avoir le meilleur produit ou service mais si vous ne savez pas où se trouvent vos clients potentiels, à qui allez-vous présenter votre offre?

C'est pourquoi votre rôle en tant qu'entrepreneur est également de détecter où se trouvent vos clients potentiels. Ensuite, il ne vous restera plus qu'à leur présenter votre solution et les diriger vers votre offre. Gardez toujours ces deux questions en vue: «Qui sont vos clients potentiels»? «Et où se trouvent-ils»?

Exercice:

Répondre à la question suivante : où se trouvent vos clients potentiels?

Pour vous aider, vous pouvez utiliser les exemples de questions énumérés au début du JOUR 15.

JOUR 16

COMMENT TRANSFORMER VOTRE PROSPECT IDÉAL EN CLIENT POTENTIEL

Notez que votre travail en tant qu'entrepreneur n'est pas terminé parce que vous savez qui est votre prospect idéal et où il se trouve. Vous devez maintenant l'attirer.

Pour ce faire, il serait intéressant de connaître les étapes psychologiques que suit votre prospect idéal avant de devenir client potentiel: il voit (ou lit ou écoute) une annonce qui attire son attention, capte son attention, pique sa curiosité, suscite son intérêt. Cette personne vous contacte, vous visite ou visite votre site web et finalement s'inscrit ou donne ses contacts.

Donc il existe 7 étapes pour transformer votre prospect idéal en client potentiel:

1- Le prospect idéal (personne ciblée) voit, écoute ou lit votre annonce,
2- qui attire son attention,
3- la capte,
4- pique sa curiosité ;
5- le prospect idéal vous contacte ou vous visite ou visite votre page web.
6- Le prospect idéal est intéressé.
7- Finalement, il s'inscrit (ou laisse ses informations) et devient client potentiel ou achète directement.

JOUR 17

PRÉPARER UNE ANNONCE QUI ATTIRE L'ATTENTION, CAPTE L'ATTENTION ET PIQUE LA CURIOSITÉ

Qu'est-ce qu'une annonce? Une annonce est tout simplement un message qu'on met devant un prospect idéal ou encore une personne ciblée dans le but de l'inviter à poser une action. Appelé également de la publicité, cette compétence est la plus lucrative au monde en ce qui concerne une entreprise car elle permet de diriger de façon constante des clients vers l'entreprise.

Le message que transporte une annonce doit attirer et capter l'attention, puis piquer la curiosité de votre prospect idéal.

Une annonce peut être partagée sur différents canaux:
-sur les réseaux sociaux: Facebook, Instagram, WhatsApp, Youtube,
-sur les chaînes radio,
-sur les journaux,
-sur les babillards.

Les différentes parties d'une annonce sont:

-L'accroche: c'est la première question ou phrase de votre publicité. Pour la constituer, il faut prendre le trio problème-douleur-crainte ou souhait-rêve-aspiration et faire une reformulation sous forme de question ou de phrase. On utilise une accroche pour attirer l'attention du prospect.
Exemple: si l'un des problèmes de mes prospects est le manque d'argent et temps, mon accroche peut être:
- Fatigué(e) de manquer d'argent et de temps?
- Si vous êtes fatigués de lutter avec le manque d'argent et que vous vous sentez frustrés parce que vous ne savez pas quoi faire…

Exercice:
Rédigez votre accroche maintenant.

-**La présentation de la solution**: c'est une phrase simple précédée ou non d'une histoire qui présente la solution pour résoudre le trio problème-douleur-crainte ou pour atteindre le trio souhait-rêve-aspiration. On utilise la présentation de la solution pour capter l'attention du prospect idéal.

Exemple:

- ... nous avons aidé des centaines de personnes et nous pouvons également vous aider.
- Il y a de cela plusieurs années, j'avais pris la décision d'écrire un livre. Au réveil le matin, j'étais tout excité et je voyais déjà mon livre entre mes mains. Mieux, je me voyais même déjà devenir un best-seller. Cependant, après avoir passé plusieurs semaines à me tourner les pouces et me poser des questions, j'ai finalement abandonné la rédaction de mon premier livre... Et dix ans plus tard mon livre n'était toujours pas écrit. Pourquoi? Parce qu'il y a trois raisons majeures qui m'en ont empêché et qui empêchent toute personne qui les ignore d'écrire son livre. Si vous vous trouvez également dans la même situation que moi il y a plusieurs années et que vous avez hâte de tenir votre premier livre entre vos mains avant la fin de cette année, alors inscrivez-vous maintenant à la Conférence Web Exclusive au cours de laquelle je divulguerai pour la première fois la nature de ces trois raisons majeures qui empêchent d'écrire un livre et comment les contourner pour aller vite.

Exercice:

Présenter votre solution maintenant.

-**La proposition d'une offre gratuite ou d'une réduction de prix:** c'est un produit ou service qu'on donne gratuitement ou encore une réduction sur le prix d'un article. On utilise l'offre gratuite ou la réduction de prix pour piquer la curiosité.

C'est surprenant pour moi de vous le dire aujourd'hui car dans le temps, je n'étais pas d'accord avec cette idée. Je ne pensais qu'à vendre mes services du premier coup. Résultat: personne n'achetait. Mais depuis que j'offre gratuitement mes conférences et certains livres, mes ventes ont explosées.

Voici ce que vous pouvez donner gratuitement pour capter l'attention du prospect idéal:
- livre papier, eBook, audioBook,
- session de diagnostic,
- conférence.

Exemple:
- ... nous avons aidé des centaines de personnes et nous pouvons également vous aider. Inscrivez-vous pour recevoir ce livre gratuit.
- 80 % de réduction: prix spécial à payer une seule fois ! Créez facilement des vidéos de gribouillis professionnels avec peu, sans compétences techniques ou design.

Exercice:
Quel produit ou service pouvez-vous offrir gratuitement ou quelle réduction pouvez-vous offrir à votre prospect idéal?

-**Les images ou vidéos**: les images sont utilisées uniquement dans les annonces visuelles telles que les réseaux sociaux, les journaux et les tableaux d'affichage tandis que les vidéos sont seulement utilisées pour les annonces virtuelles telles que la télévision et les réseaux sociaux. Généralement, les images ou vidéos peuvent être utilisées aussi bien pour attirer l'attention, capter l'attention ou piquer la curiosité. Pour cela, elles doivent être très originales. Alors, cela vous prendra de réveiller votre esprit créatif ou de sous-traiter avec un spécialiste.

Exercice:
Prendre le temps de chercher une image ou une vidéo qui vous parle.

N.B. Si vous prévoyez que votre annonce soit une vidéo au lieu d'un texte, attendez de compléter le jour 18 avant d'enregistrer votre vidéo.

-**L'objectif de l'annonce**: votre annonce doit avoir un objectif clair. En général, les annonces ont un coût. Et ce serait dommage de payer pour une annonce lorsqu'on n'a aucun objectif à atteindre: ça serait comme jeter l'argent par la fenêtre. Voici quelques objectifs qu'on pourrait retrouver dans une annonce:
- Participer à une conférence,
- Recevoir un livre gratuit,
- Regarder une vidéo,

- Réserver un rendez-vous,
- Acheter en ligne,
- Acheter en magasin.

Exercice:
Déterminer clairement votre objectif.

- **L'appel à l'action**: cela consiste à demander clairement et expressément aux prospects de poser une action très précise pour avoir accès au produit ou service (gratuit ou réduit) qui permet de résoudre le trio problème-douleur-crainte ou atteindre le trio souhait-rêve-aspiration. Lorsqu'ils posent cette action, cela vous permet d'atteindre, totalement ou partiellement, votre objectif. En leur demandant de poser l'action, rappelez leur les avantages ou bénéfices qu'ils auront en retour.
Formule : **Objectif + (urgence) + bénéfice pour le prospect.**
- ✓ Objectif : Cliquez sur ce lien
- ✓ Urgence : maintenant
- ✓ Bénéfice pour le prospect : pour profiter de…

Voici quelques exemples d'appels à l'action.
- Cliquez sur ce lien maintenant pour recevoir les détails afin de participer à la conférence: (fournir le lien)

- Appelez maintenant ce numéro pour bénéficier de votre réduction: (fournir le numéro)
- Visitez maintenant notre site web pour recevoir votre livre gratuit: (fournir l'adresse web)
-Visitez notre magasin dès aujourd'hui à l'adresse pour profiter de votre coupon gratuit: (fournir l'adresse)

Exercice:
Rédigez votre appel à l'action maintenant.

En conclusion, lorsque le prospect idéal voit une annonce, voici ce qui se passe :
- l'accroche (+l'image ou la vidéo) attire(nt) son attention;
- la présentation de la solution (+l'image ou la vidéo) capte(nt) son attention;
- l'accroche+la solution+l'image ou la vidéo piquent sa curiosité et l'emmènent à cliquer sur le lien ou à vous contacter ou à vous visiter.

C'est la raison pour laquelle il faut prendre le temps de bien rédiger votre annonce et surtout de la réviser.

JOUR 18

RÉVISER VOTRE ANNONCE

En se basant sur les exercices que vous avez faits au JOUR 17, faisons une révision de votre annonce.

-**Accroche**: Recopiez votre accroche ci-dessous
....

-**Présentation de la solution**: Recopiez la présentation de votre solution avec ou sans votre histoire ci-dessous
....

-**Objectif**: Recopiez votre objectif ci-dessous
....

-**Appel à l'action**: Recopiez votre appel à l'action ci-dessous
....

Voici un exemple:
- Si vous êtes fatigués de lutter avec le manque d'argent et que vous vous sentez frustrés parce que vous ne savez pas quoi faire, nous pouvons vous aider. Contactez-nous au 555-555-5555
- Fatigué(e) d'être en surpoids et embarrassé(e) de la façon dont on vous regarde? Vous n'êtes pas seul(e). Nous avons aidé des centaines de personnes et nous pouvons également vous aider. Réservez dès maintenant une session de consultation en cliquant sur ce lien (lien ici).

Exercice:
Rédigez maintenant votre annonce en intégralité.

JOUR 19

NE PAS PERDRE DE VUE LE PREMIER OBJECTIF

Le premier objectif de cette formation est de générer des ventes. Pour atteindre cet objectif, vous devez transformer votre prospect idéal en prospect intéressé, ensuite de prospect intéressé à client qualifié ou potentiel et enfin de client potentiel à client confirmé. C'est pourquoi vous devez connaitre toutes les personnes intéressées ou susceptibles d'acheter votre solution. Pour cela, vous devez avoir une liste de tous les prospects intéressés. Comment y arriver? Il existe plusieurs moyens. Vous pouvez utiliser une feuille Excel, un formulaire Google, un site web, un tunnel de vente, etc. Mais nous reviendrons plus tard sur la façon de tenir une liste de tous les prospects intéressés.

Pour l'instant, essayons de trouver ce qu'est un prospect intéressé.

Qu'est-ce qu'un prospect intéressé?

Au JOUR 16, nous avons mentionné qu'il existe sept étapes pour transformer votre prospect idéal en client potentiel:

1-Le prospect idéal (personne ciblée) voit, écoute ou lit votre annonce

2- qui attire son attention,

3- capte son attention,

4- pique sa curiosité;

5- le prospect idéal vous contacte ou vous visite ou visite votre page web,

6- le prospect idéal est intéressé,

7- finalement, il s'inscrit (ou laisse ses informations) et devient client potentiel ou achète directement.

Nous avons déjà vu en détails les points 1, 2, 3 et 4.

Il s'agit maintenant de susciter l'intérêt de votre prospect. Pour transformer le prospect curieux en prospect intéressé ou potentiel, il faut créer de la confiance chez ce dernier. Si le prospect curieux a confiance, soit il achètera ou il s'inscrira.

Pour créer cette confiance chez le prospect, il y a trois éléments importants à prendre en compte dépendamment du type de business (en ligne ou en présentiel).

-La beauté de la page, la beauté du local ou la tonalité de la voix:

Dans le cas où le prospect est redirigé vers une page web ou un site web, la présentation, le choix des couleurs ou les images attrayantes communiqueront des émotions au prospect, réduiront les résistances logiques et augmenteront sa confiance.

Dans le cas où le prospect est redirigé vers un local, la propreté des lieux, la beauté du local et la chaleur de l'accueil communiqueront des émotions au prospect, réduiront les résistances logiques et augmenteront sa confiance.

Dans le cas où le prospect est redirigé vers un numéro de téléphone, la tonalité de la voix, le sourire et la chaleur de la voix communiqueront des émotions au prospect, réduiront les résistances logiques et augmenteront sa confiance.

-La promesse marketing:

À cette étape, vous devez reformuler votre promesse marketing en utilisant le trio souhait-rêve-aspiration. La promesse marketing n'est rien d'autre que la transformation apportée au prospect, c'est-à-dire ce que vous ferez pour lui.

Elle est constituée du titre + des sous-titres.

Le titre peut être un groupe de mots ou une phrase simple qui résume la transformation que vous apporterez à votre prospect.

Les sous-titres sont issus des 12 questions du JOUR 12 concernant les questions à se poser sur son produit ou service.

Titre = Reformulation du trio souhait-rêve-aspiration qui résume la transformation
- Sous-titre 1=Bénéfice ou Avantage 1(soyez spécifique)
- Sous-titre 2=Bénéfice ou Avantage 2(soyez spécifique)
- Sous-titre 3=Bénéfice ou Avantage 3(soyez spécifique)

Si vous êtes dans le marché des relations interpersonnelles et que la solution que vous apportez est d'aider vos clients à maîtriser ce type de relations, un exemple de promesse marketing reformulée sera:

Titre=La maîtrise des relations interpersonnelles.
- Sous-titre1= Les 3 clés pour faire de vous la personne la plus convoitée par les employeurs
- Sous-titre2 = Les 2 attitudes incontournables qui me permettent de me faire des amis partout où je vais quelque soit le pays…
- Sous-titre3 = La stratégie infaillible qui permet à mes clients d'augmenter leur chiffre d'affaire annuel.

Que votre prospect soit redirigé vers une page web, un local ou un numéro de téléphone, votre texte ou votre message doit rester très proche de la promesse marketing c'est-à-dire du titre et des sous-titres.

Exercice:

Reformulez votre promesse marketing (titre et sous-titres en quelques mots)

Jour 19

-Les témoignages:

Ensuite, si vous le pouvez, recueillez un ou trois témoignages de personnes que vous avez déjà aidées par le passé. Ces témoignages peuvent être en vidéo ou par texte. Si vous n'avez pas de témoignage, ce n'est pas grave. Cependant, le fait d'en avoir vient créer un climat de confiance chez le prospect qui ne vous connait pas. Cela contribuera à susciter son intérêt.

N.B. J'insiste sur le fait que cela doit être vrai et authentique. Ne dites pas à ces personnes ce qu'elles doivent dire ou écrire: cela doit venir de leur cœur en fonction du niveau de satisfaction qu'elles ont eu lorsque vous les avez aidées.

Alors, que votre prospect lise votre page web ou vous écoute en personne ou par téléphone, l'utilisation de témoignages de clients satisfaits viendra augmenter son niveau de confiance. Mais que faire lorsqu'on n'en a pas?

- Vous ne devez pas vous laisser arrêter par ce manque.
- Vous pouvez utiliser des statistiques, des proverbes ou toute donnée capable de confirmer votre message de vente.
- Vous pouvez également donner vos produits ou services à des personnes en échange de témoignages honnêtes.

Exercice: Faites la liste des personnes que vous avez déjà aidées par le passé avec cette solution que vous voulez vendre et retenez-en deux ou trois que vous contacterez. Puis, expliquez-leur que vous aurez besoin de leur témoignage en vidéo ou par écrit.

En conclusion, la confiance du prospect intéressé = la beauté de la page + la promesse marketing + les témoignages.

JOUR 20

PRÉPARER VOTRE PAGE DE VENTE

Cette partie concerne les entrepreneurs qui opèrent leurs activités en ligne. Lorsque votre prospect verra votre annonce et qu'elle va attirer son attention, capter son attention et piquer sa curiosité, il va cliquer sur le lien que vous fournirez. Et là, il sera dirigé vers votre page de vente, page de conférence, page d'inscription, site web ou votre vidéo, etc. Vous devez donc prendre le temps de préparer cette page.

Pour débuter, je voudrais rappeler qu'une page web n'est pas un site web. Comme je l'ai mentionné au début, vous n'avez pas besoin de site web dès le début car ce sera des frais en trop; la stratégie étant d'abord de générer des revenus avant de confectionner des cartes de visites, monter un site web, etc. Alors, je vous recommande une page web ou encore page de vente ou tunnel de vente.

Quelle est la différence entre un site web et un tunnel de vente?

Un tunnel de vente est une page web qui a un seul objectif: conduire le prospect vers l'objectif que vous voulez atteindre. Avec un tunnel de vente, il y a une seule information et le prospect intéressé ne peut que poser une seule action à l'opposé d'un site internet sur lequel il y a plusieurs informations et plusieurs onglets qui peuvent embrouiller et éloigner votre prospect de l'objectif que vous cherchez.

Le tunnel de vente est très précis. Il y a une seule information et une seule action possible.

Il existe plusieurs tunnels de vente avec 14 jours d'essai gratuit que vous pourrez utiliser :
-Clickfunnel
-Système.io
-Leadpage

La beauté des tunnels de vente, c'est que tout est automatisé. Lorsque le prospect intéressé s'inscrit, vous pouvez décider de lui envoyer automatiquement un courriel avec des informations, avec des fichiers joints, etc.

Pour les personnes moins à l'aise avec l'anglais, je vous conseille d'utiliser Système.io.
Je vous partage ici le lien pour accéder à la plateforme:
https://systeme.io/?sa=sa0004390019b3d3950b6ce3487533ab9ab0d342059d

Jour 20

Que ce soit Clickfunnel, Système.io ou Leadpage, il y a des frais mensuels associés. Mais l'investissement vaut la peine car l'impact sur le prospect intéressé est significatif.

Vu qu'il existe plusieurs sites de tunnel de vente, nous ne montrerons pas comment configurer chacun de ses tunnels. Cependant, voici un modèle que vous pourrez suivre pour vous aider.

Modèle:

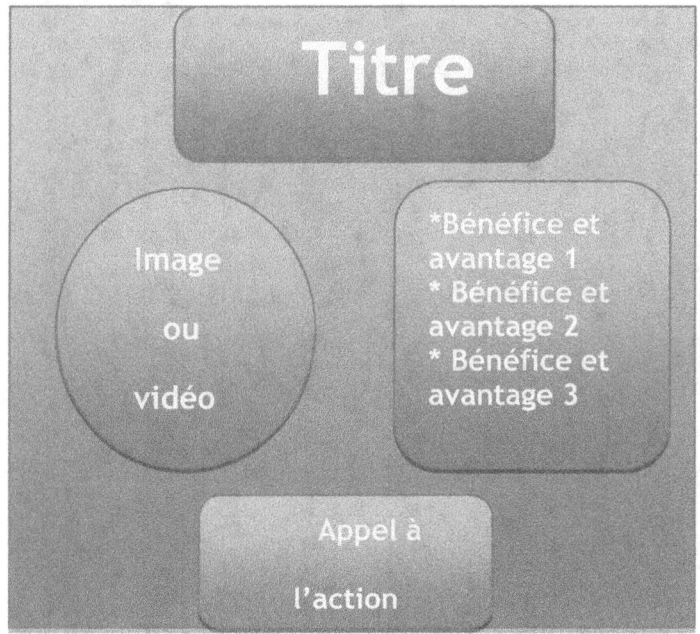

Exemple :

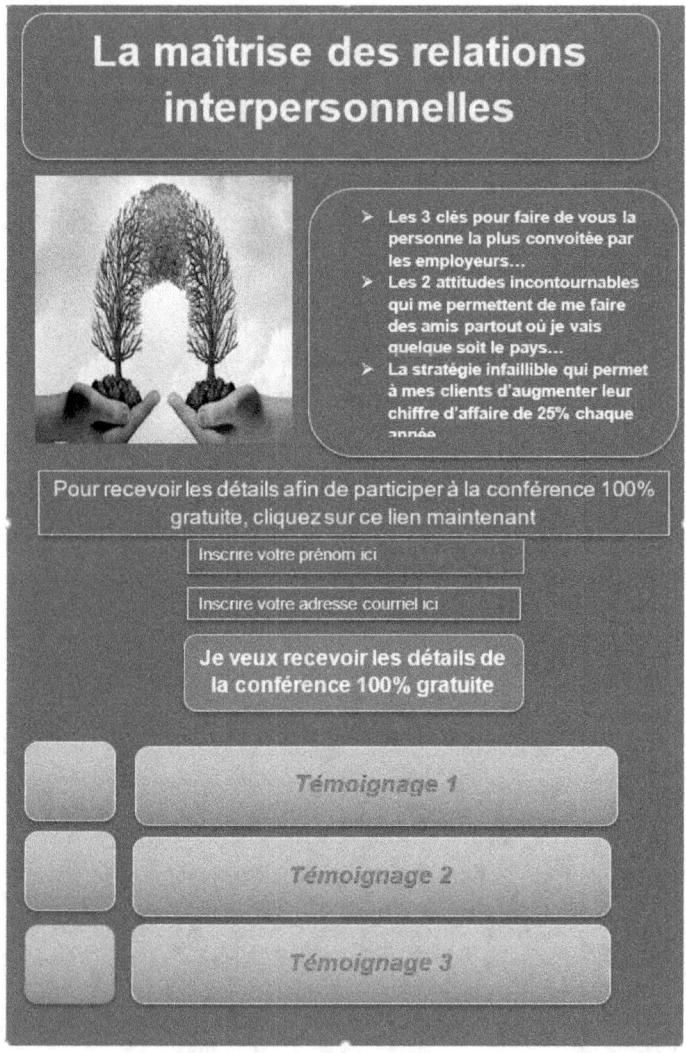

Mais si pour des raisons de budget, vous ne pouvez pas vous utiliser les tunnels de ventes, vous pouvez débuter (je dis bien « débuter ») avec les « formulaires Google ».

Lorsque j'ai appris ces techniques, je voulais voir si je pouvais attirer des prospects intéressés à ma première conférence même sans tunnel de vente. Alors, j'ai utilisé un formulaire Google pour enregistrer les prospects intéressés. J'ai été surpris. Plusieurs personnes ont donné leurs contacts et quelques clients potentiels sont venus assistés à la conférence. Ce jour-là, je venais de comprendre que les gens n'étaient pas intéressés par mes cartes de visite, mon site web, etc. Les gens sont à la recherche de solutions pour régler leurs problèmes. Et lorsqu'ils découvrent la personne qui a cette solution ou ces solutions, ils sont prêts à sortir leur carte pour payer.

Pour utiliser un formulaire Google, vous pouvez utiliser ce lien :
https://docs.google.com/forms/d/1dko6D4qE5I-mTHaSPZDDW9AST4xmJxvkbSn-ahCf5yY/edit

Voici mon premier lien Google :
https://docs.google.com/forms/d/1viR0xnP6lh7qdj5Mdodpn4PZRJDLM-65VE-ZxYuAE4/edit

Voyez-vous comme il était laid? Malgré cela, il y a eu des inscriptions et des personnes présentes à la conférence.

JOUR 21

TESTER VOTRE TUNNEL DE VENTE ET VÉRIFIER VOTRE ANNONCE

Une fois le tunnel de vente ou le formulaire de vente configuré, il faut faire des tests pour s'assurer que tout fonctionne bien. Pour ce faire, il faut commencer par cliquer sur le lien et inscrire vos contacts comme si vous étiez un prospect. Puis, vous devez aller vérifier si les contacts sont directement enregistrés et les courriels automatiquement envoyés.

Si tout est bien configuré, vous pouvez choisir de raccourcir le lien de votre formulaire Google ou de votre tunnel de vente pour une meilleure présentation de votre annonce. Pour cela, vous pouvez utiliser un site gratuit de réduction de la longueur des liens web : http://www.bitly.com .

Dès que le lien est édité, il ne vous reste plus qu'à l'ajouter à votre annonce.

C'est le moment de relire et de vérifier votre annonce pour vous assurer que vous n'oubliez rien.
Exemple :
- Si vous êtes fatigués de lutter avec le manque d'argent et que vous vous sentez frustrés parce que vous ne savez pas quoi faire, nous pouvons vous aider. Contactez-nous au 555-555-5555
- Fatigué(e) d'être en surpoids et embarrassé(e) de la façon dont on vous regarde? Vous n'êtes pas seul(e). Nous avons aidé des centaines de personnes et nous pouvons également vous aider. Réservez dès maintenant une session de consultation gratuite en cliquant sur ce lien: (ajoutez le lien ici)

Assurez-vous de trouver une image pour rendre votre annonce attrayante. Voici quelques sites d'images gratuites qui pourraient vous aider: https://pixabay.com; https://www.pexels.com.

Une fois l'annonce vérifiée, le lien ajouté et l'image trouvée, vous pouvez alors passer à l'achat de publicité sur les différents réseaux sociaux (Facebook, Instagram, etc.) dépendamment des réseaux sociaux que fréquentent vos prospects. Si votre prospect idéal est présent sur LinkedIn, vous devez acheter de la publicité sur LinkedIn. Par contre, si vos prospects sont en majorité sur Facebook, vous devez acheter la publicité sur Facebook. Or vu que Facebook compte environ 2,7 milliards d'utilisateurs par mois, il y a de fortes chances que votre prospect idéal utilise Facebook même s'il est présent sur un autre réseau social. C'est pourquoi Facebook est devenu une plateforme incontournable pour acheter ou encore sponsoriser de la publicité.

Vous vous posez certainement cette question: « Pourquoi devrais-je sponsoriser mon annonce sur Facebook alors que je n'aime pas cette plateforme ou encore alors que je n'y suis pas fréquent » ?

La réponse est simple: N'oubliez pas ce que nous avons vu au JOUR 15: *où se trouve votre prospect idéal?*

Votre solution sera payée par un prospect idéal que vous aurez réussi à transformer en client. Ce que signifie que le plus de prospects vous transformez en clients, le plus d'argent vous générez. Alors ici, le plus important, ce ne sont pas vos émotions ou ce que vous aimez ou n'aimez pas mais plutôt les émotions de vos prospects, ce qu'ils aiment et ce qu'ils n'aiment pas. La personne la plus importante ici, ce n'est pas vous, c'est votre prospect idéal. C'est pourquoi, vous devez revenir à un élément très déterminant pour la réussite de votre publicité: le ciblage de votre prospect idéal.

JOUR 22

CRITÈRES DE CIBLAGE

Saviez-vous que si votre publicité n'est pas présentée à la bonne personne, cela ne va attirer aucun client potentiel vers vous?

Saviez-vous que vous pouvez acheter de la publicité sur Facebook, sur Youtube, sur LinkedIn, sur les ondes d'une radio et dans des journaux mais vous retrouver sans client potentiel?

Ça fait mal à dire mais c'est la vérité.

Pour créer des ventes, vous devez mettre le bon message devant la bonne personne. Et la clé pour cela, c'est le ciblage.

Qu'est-ce que le ciblage?

Le ciblage est l'habileté ou la capacité à identifier avec précision et minutie votre prospect idéal: il s'agit de trouver les critères auxquels répond toute personne susceptible d'acheter votre solution.

Alors la question à se poser est: «Qui est le plus susceptible d'acheter ma solution»?

Pour vous aider à répondre à cette question, je vous invite:

-à compléter l'exercice du JOUR 9 (si ce n'est pas encore fait) qui était d'établir le profil de votre prospect idéal,

- à répondre ensuite aux questions posées ci-dessous par Billy Gene de l'entreprise Billy Gene is Marketing.inc concernant les personnes les plus susceptibles d'acheter votre solution:

-Quel âge ont-ils?
-Quel est leur genre?
-Où vivent-ils?
-Quelles émissions télé regardent-ils?
-Quels livres lisent-ils?
-Quel coach ou motivateur suivent-ils?
- À quels évènements assistent-ils?
- À quels groupes Facebook ou WhatsApp ou Messenger appartiennent-ils?
- Quelles spéciales occasions célèbrent-ils?
- Qu'est-ce qui constitue une urgence pour eux?

En regroupant le profil de votre prospect idéal et les réponses aux questions ci-dessus, nous allons maintenant établir votre audience cible.

Pour cela, nous allons utiliser la structure de ciblage proposée par Gene is Marketing.inc :

S'il vous plaît, veuillez encercler un élément dans chaque catégorie:
- **Âge**: 18-24/25-34/35-44/ 45-54/ 55-64/65+
- **Genre**: Homme/ Femme
- **Lieu d'habitation**: --
- **Continent**: Américain – Européen – Asiatique – Africain
- **Langue parlée**: --
- **Niveau d'étude**: Primaire - Secondaire – CEGEP – Licence – Baccalauréat – Maîtrise – Autres

-**Revenu mensuel**: inférieur à $1K/ $1k-$5k/ $5k-$10k/$10k-$20k/ $ 20k-$ 50k/ supérieur à $50k
-**Type de propriété**: Nouveau propriétaire de maison. Ancien propriétaire de maison.
- **Locataire** :
- **Statut matrimonial**: Célibataire- Marié(e)- Divorcé(e)-Veuf(ve)- Fiancé(e)- Nouvellement fiancée (6 mois-1an/-3 mois). Nouvellement marié (1an-6 mois- 3 mois).
-**Anniversaire**: Anniversaire dans 30 jours - Anniversaire entre 30-60 jours.
-**Mois d'anniversaire**: Janvier- Février- Mars- Avril- Mai- Juin-Juillet- Août- Septembre- Octobre- Novembre- Décembre.

- **Parents**: Nouveaux parents- Parents-Parents avec des enfants au préscolaire- Parents avec des enfants au primaire - Parents avec des enfants pré-adoslescents- Parents avec des enfants adolescents - Parents avec des enfants adultes.

-**Politique**: Conservateur- Libéral- Modéré- Républicains- Très Libéral - Très conservateur
Politiciens favoris: --

- **Lieux/domaines de travail**: Beauté-Soins-Construction-Cuisine-Logistique-Chauffeurs-Électriciens-Fermiers-Pompiers-Infirmiers- Travailleurs de bureau- Officiers de police-Détaillants- Serveurs-Autres

-**Où est-ce qu'ils se retrouvent**: Église - Mosquée- Bar - Café-Restaurant – Supermarché – Musée – Gym – École - Lieu de sport.
- **Autres lieux de distractions**:------------------------------------
- **Places précises où les trouver**:-------------------------------
- **Genre musical qu'ils aiment**: Classique - Hip-Hop- musiques religieuses - Jazz- Coupé Décalé - Zouglou- Country musique – Disco - RAP- Reggae- Rock-Soul- Zouk
Artistes préférés: --

-**Les livres qu'ils lisent**: Fiction-Développement personnel-Finances - Livres religieux - Drame - Livres policiers - Livres d'amours - Poèmes - Marvel - Livres d'histoire
Livres préférés:--

-**Évènements auxquels ils aiment assister**: Festivals- Concerts- Conférences - Films – Réseautage - Séminaires- Confort de leurs maison - Réunion de travail
-**Évènements préférés** :---

-**Compétiteurs**:--

-**Qu'est-ce qu'ils achètent**: Entreprises - Vêtements – Nourriture - Boissons - Santé/Beauté - Maison/Jardin - Articles de maison - Articles pour enfants - Nourriture pour animaux- Articles de sports.
Exemples: --

-**Émissions de télévision préférées**: Télé Novelas – Horreur - Western - Documentaire - Séries - Fiction - Émission d'entrepreneuriat - Émission sportive - Émission d'art-Journal télévisé.
Autres:--

-**Personnes qu'ils suivent**: Artistes – Athlètes – Stars - Coachs- Influenceurs - Musiciens
Exemples:--

-**Quelles applications utilisent-ils le plus**: Jeux- Réseaux sociaux - Finance/Banques – Productivité - Gestion du temps –Voyages – Éducation –Ventes – Sport.
Exemples: ---

Je vous invite vraiment à prendre du temps pour compléter cet exercice avant de continuer. Une fois terminé, vous êtes maintenant prêt à sponsoriser votre annonce.

JOUR 23

SPONSORISER VOTRE ANNONCE SUR FACEBOOK

Pour sponsoriser votre annonce sur Facebook, il y a deux possibilités. Vous pouvez soit utiliser l'option amateur ou l'option professionnelle.

1. Option amateur

Cette option consiste :
- à publier votre annonce sur votre page Facebook puis
- à la promouvoir.

Après avoir cliqué sur promouvoir, vous aurez 3 onglets à sélectionner :
-Objectif
-Audience
-Budget

C'est l'option la plus simple.

2. Option professionnelle

Cette option consiste à utiliser l'application « Gestionnaire de publicités ».

Le processus de création de publicités avec l'application «Gestionnaire de publicités » comporte 3 principales phases :

- **Campagne**: Au niveau de la campagne, vous devez choisir votre objectif publicitaire ou l'objectif général de votre campagne.

Pour cela, vous devez « Créer une campagne ». Allez dans le tableau principal de « Gestionnaire de publicités » et cliquez «+Créer ». Dans l'onglet « Créer une campagne », choisissez un objectif pour créer votre campagne. Vous pouvez également utiliser une campagne existante. Une fois l'objectif choisi, cliquer sur continuer pour entrer le nom de la publicité et vérifier les autres points de la campagne.

- **Ensemble de publicités**: Lorsque vous avez terminé la phase « Campagne » et que vous cliquez sur « suivant », vous passez à la phase «Ensemble de publicités ». C'est à ce stade que vous devez utiliser les critères de ciblage de votre prospect idéal pour définir votre audience cible. C'est également là que vous définissez l'audience que vous souhaitez atteindre, vous choisissez vos placements publicitaires, déterminez votre budget et planifiez un calendrier.

- **Publicité**: Après la phase «Ensemble de publicités », cliquez « suivant » pour accéder à la phase « Publicité ». C'est la phase pratique pour concevoir votre publicité. C'est ici que vous devez **ajouter l'annonce + le lien du tunnel de vente ou page web ou adresse du local ou numéro de téléphone + image ou vidéo**.

Une fois la publicité complétée, c'est-à-dire une fois que le bon message sera présenté à la bonne personne, voici les 4 phases de transformation que suivra l'utilisateur Facebook qui fait partie de votre audience ciblée:
1- l'utilisateur Facebook faisant partie de votre audience ciblée voit votre annonce;
2- son attention est attirée et captée;
3- sa curiosité est piquée;
4- son intérêt est suscité;
5- il devient un client potentiel.

Lorsque votre prospect idéal devient un client potentiel, votre travail n'est pas terminé. Bien au contraire, c'est maintenant que tout commence pour vous.

Que vous soyez dans le B2B (Business to Business = type d'affaire où vos clients sont des entreprises) ou le B2C (Business to Customer = type d'affaire où vos clients sont des personnes physiques), c'est maintenant le moment de transformer votre client potentiel en client confirmé.

MODULE 5

CONVERTIR LES CLIENTS POTENTIELS EN CLIENTS CONFIRMÉS

JOUR 24

COMPRENDRE ET UTILISER L'ÉCHELLE DE VALEUR

Cette étape est la phase où l'on transforme sa solution en argent ou si vous voulez, c'est la phase où l'on transforme les clients potentiels en clients confirmés. Cette phase s'appelle la vente. Cependant, pour plusieurs entrepreneurs, ce n'est pas exact car la vente, selon eux, a débuté depuis la découverte de notre idée d'affaire.
Pourquoi? Parce que tout ce que vous avez mis en place depuis le jour 1 avait pour objectif d'amener votre client de rêve à se retrouver sur la première marche de votre escalier de valeur. Quoiqu'ayant du sens, il est important de rappeler que le processus qui permet d'identifier le prospect idéal, de le trouver et de le qualifier relève du marketing.

Qu'est-ce que l'escalier de valeur?

L'escalier de valeur consiste à donner de la valeur à votre prospect en partant d'un produit/service gratuit (ou pas cher ou encore réduit) en lui proposant au fur et à mesure des produits ou services de plus en plus complets et chers en suivant le processus s proposé par Matthias Mazur:

- **Appât**: produit/service gratuit ou réduit ou pas cher
- **Offre d'entrée**: produit ou service de base
- **Offre intermédiaire**: produit ou service avancé
- **Offre haut de gamme**: accompagnement stratégique comprenant un coaching personnalisé.
- **Offre super haut de gamme**: accompagnement avec mise en œuvre (clé-en-main) stratégique-suivi-évaluation

Votre plus grande responsabilité, après avoir transformé votre prospect idéal en client potentiel, sera de le maintenir hors des réseaux sociaux afin de le conduire sur votre escalier de valeur. Ce point est la clé pour avoir du succès dans toute entreprise (en ligne surtout). Il y a trop de bruit sur les réseaux sociaux. Alors, pour convertir votre client potentiel en client confirmé, vous devez le diriger vers votre escalier de valeur.

Il y a différents types d'escalier de valeur selon que vous commercialisez des produits ou des services.

Type d'escalier de valeur pour la vente de produits

Si vous commercialisez des produits, vous avez généralement trois types d'escaliers de valeur:
- votre boutique en ligne si vous vendez sur internet,
- votre boutique physique,
- votre boutique en ligne et physique si vous êtes hybride.

Quel que soit le type d'escalier de valeur, vous pouvez attirer vos clients potentiels sur votre escalier de valeur en leur offrant des échantillons de vos produits gratuitement. Puis, une fois qu'ils arrivent sur votre escalier de valeur, vous pouvez leur proposer des produits complémentaires à l'échantillon.

Exemple: Si vous avez une boutique en ligne et que vous vendez des vêtements d'hommes, vous pouvez offrir des cravates gratuitement ou à prix réduit pour attirer vos prospects sur votre escalier de valeur. Une fois qu'un prospect arrive sur votre escalier de valeur en s'inscrivant pour recevoir gratuitement la cravate ou pour acheter une cravate à prix réduit, vous lui faites la suggestion d'une chemise, d'un pantalon, d'une veste et d'une chaussure dont les couleurs s'agencent parfaitement avec cette cravate... Parmi ces différentes suggestions, il en prendra au moins une.

Type d'escalier de valeur pour la vente de service

Si vous commercialisez des services, vous avez plusieurs escaliers de valeur vers lesquels vous pouvez diriger vos prospects :

- votre site web que vous vendiez en ligne ou non,
- votre cabinet si vous avez des bureaux physiques,
- une session gratuite de consultation ou de stratégie par téléphone ou en présentiel,
- une conférence en ligne ou en présentiel.

À ce stade, votre client potentiel se retrouve sur les premières marches de votre échelle de valeur et il a toute votre attention. Vous pouvez maintenant évaluer l'importance de son désir à se départir du problème qu'il rencontre afin d'acquérir la solution qui va le libérer.

Exercice:
Élaborez votre escalier de valeur.

JOUR 25

L'OFFRE DU PRODUIT OU SERVICE

Si vous abordez cette étape sans la pensée de convertir votre solution en argent, vous n'êtes pas dans le bon business: allez-y plutôt ouvrir un organisme sans but lucratif.

Cette phase est la partie où on génère concrètement de l'argent. Et comme je l'ai déjà mentionné, on appelle cela la vente.

Le premier principe de la vente est de comprendre que c'est un échange de valeur. Ce qui signifie que pour convertir votre prospect en client, vous devez être capable d'apporter une solution à son problème. C'est pourquoi, vous devez d'abord revenir sur le problème de votre client potentiel pour identifier sa douleur par rapport à ce problème et ce qu'il recherche afin de lui recommander votre solution.

Je voudrais insister sur l'identification de la douleur car ce qui nous pousse à agir en général, c'est la crainte d'une douleur présente ou d'une douleur future potentielle.

Qu'est-ce que j'appelle douleur?
Selon le Larousse, il s'agit de tout sentiment pénible ou toute souffrance morale résultant d'un manque ou d'une peine.
Exemple: Manque ou désir de reconnaissance, manque d'être aimé, solitude ou manque d'un partenaire, manque d'argent, manque de temps, etc.
Que votre activité soit en ligne ou en présentiel, une fois que vous avez attiré votre prospect idéal, vous devez identifier sa douleur et ses objectifs afin de lui recommander votre solution. Pour réussir cela, il vous faut un script de vente.

Qu'est-ce qu'un script de vente?
Un script est un ensemble de formules pré-rédigées qui vous permettront d'identifier la douleur de votre prospect, de connaître ses objectifs et de recommander votre solution.
Si vous êtes consultant, coach ou formateur et que vous avez de la misère à générer des ventes, vous n'êtes pas seul! Nous pouvons vous aider.
Contactez-nous à jacquesie@outlook.com pour une solution contenant un script à adapter à votre marché.

Voici les 6 étapes que doit respecter votre script selon la formation *Conversion magique* de Matthias Mazur:
1-S'intéresser à votre client potentiel en prenant de ses nouvelles ou en créant un lien avec lui.

2- Confirmer son intérêt à trouver de l'aide.

3- Collecter des informations sur sa situation actuelle (ses plus grandes peurs, ses difficultés, les obstacles rencontrés dans sa vie, ce qui le garde éveillé la nuit et les domaines de sa vie qui sont affectés par ce problème) et ses objectifs (rêves, besoins, attentes, aspirations profondes).

4- Trouver la douleur et chercher quels impacts négatifs cela a sur sa vie.

5- Mettre en évidence les impacts négatifs de la douleur sur la vie du client ou sur l'atteinte de ses objectifs.

6- Démontrer à travers votre offre que vous pouvez éliminer la douleur, mettre fin aux impacts négatifs sur sa vie et lui permettre d'atteindre ses objectifs.

Pour Matthias Mazur, il y a 3 points importants pour le succès d'un script:

Très important 1: Au point 5, ne présentez uniquement votre offre que si le client potentiel réalise suffisamment les impacts négatifs de sa douleur sur sa vie ou par rapport à ses objectifs.

Très important 2: Au point 6, pour présenter votre offre ainsi que le prix de l'investissement, utilisez l'exercice que vous avez complété au « JOUR 14 : Élaborer votre offre de produit ou service».

Très important 3: Pour présenter le prix de l'investissement, n'oubliez pas d'utiliser les deux approches émotionnelles que sont la rareté et l'urgence.

Exemple: offre limitée en temps ou en quantité; date butoir pour profiter du bonus, tarif de lancement ou de promotion.

Après la présentation de l'offre, il y a deux choses qui peuvent se produire. Soit votre client potentiel refusera votre offre, soit il l'acceptera.

S'il la refuse, ce n'est pas un vrai refus. En vente, on appelle cela une objection. Pour traiter une objection, vous devez d'abord:

-reformuler l'objection avec empathie,

-clarifier en posant une question ouverte et laisser votre client parler. Écouter attentivement pour saisir toutes les raisons logiques mais surtout émotionnelles,

-faire une proposition qui arrange les deux parties

Exemple d'objection: «Humm, je trouve que c'est trop cher. Je vais vous recontacter quand je serai prêt.»
Réponse :

-Reformulation: « Je comprends parfaitement la situation et j'aurais peut-être eu la même réaction si j'étais à votre place. Donc si je comprends bien, vous êtes intéressé par l'offre mais le challenge se situe au niveau du montant de l'investissement. »

-Clarification: « Pour vous que signifie, «C'est cher?» »

Si votre client potentiel vous dévoile qu'il n'a pas le montant d'argent disponible maintenant, vous pouvez lui faire une proposition.

-Proposition: « Dans ce cas, que diriez-vous de payer sur deux ou trois mois? »

Cependant, pour être efficace à traiter les objections, vous devez vous préparer en avance. Si vous ne vous préparez pas en amont, vous risquez de perdre plusieurs ventes.

Pour vous préparer, identifiez plusieurs objections que pourrait vous donner votre client potentiel. Ensuite, écrivez différentes raisons logiques et émotionnelles. Enfin, pour chaque objection, préparez une reformulation, une clarification et une proposition pour transformer l'objection en une vente. Ensuite, pratiquez-vous afin que vous ayez l'air naturel(le).

JOUR 26

« LIVRER LA MARCHANDISE »

Une fois l'offre acceptée, vous devez maintenant collecter le prix de l'investissement et livrer la marchandise.

Pour faire le paiement, vous devez trouver pour votre client potentiel des moyens simples de pouvoir payer. Dépendamment du pays et de la méthode de paiement, vous mettrez en place le ou les moyens de paiement facile pour collecter rapidement la vente.

Si vous vendez en ligne, vous pouvez utiliser des outils comme :

-Paypal

-Squareup

Pour plusieurs, la vente s'arrête après avoir encaissé l'argent. Mais ce n'est pas juste. La vente débute plutôt après avoir encaissé l'argent car c'est maintenant le moment de donner au nouveau client l'accès à l'offre.

Il faut s'assurer de mentionner au nouveau client les délais pour avoir accès à l'offre (date de livraison, délai d'accès à la formation, etc.).

***Très important*:** Il faut également donner au nouveau client une adresse courriel ou un numéro de téléphone afin qu'il puisse vous contacter au cas où il rencontre des difficultés. Le service après-vente est très important et permet au client confirmé d'augmenter son niveau de confiance en vous.

Je vous encourage à augmenter vos standards à ce niveau: vos clients ont payé pour avoir une solution. Vous avez promis, vous devez livrer.

Assurez-vous que vos clients soient satisfaits sinon remboursez leur argent. Il n'y a pas de compromis.

Pourquoi devez-vous vous assurer de la satisfaction de vos clients confirmés?
Il y a deux raisons:
1- Il est plus facile de vendre à un client confirmé satisfait qu'à un client potentiel.
2- Un client satisfait fait plus facilement la promotion de votre entreprise: ce qui vous permettra d'avoir de nouveaux clients sans effort.

JOUR 27

APPLIQUER-CORRIGER-AMÉLIORER

WOW! Vous avez atteint le Jour 27! Toutes mes félicitations!

Vous avez maintenant toute la formation et l'information nécessaire pour créer et augmenter vos ventes. Cependant, une chose est d'avoir la formation mais une autre est d'utiliser cela pour passer à l'action.

La PLUS GRANDE ERREUR que vous ne voulez pas commettre, c'est d'avoir toute cette information et de ne rien en faire. Il y a tellement de diplômés avec des licences, des baccalauréats, des maîtrises, des masters ou des doctorats qui sont au chômage. C'est effrayant. Les gens diront que c'est parce qu'il n'y a pas d'emplois. Et je suis d'accord que l'accès à l'emploi peut être un frein. Mais, comment peut-on croire qu'un diplôme fera qu'un employeur nous recrutera? Ce n'est pas le diplôme que recherche l'employeur: c'est une personne qui détient un diplôme. C'est le candidat qui fait la différence. Et cette différence réside dans sa ténacité, sa confiance en soi, sa persévérance, son courage, sa discipline, sa motivation, sa volonté de réussir quels que soient les obstacles. C'est cette attitude de champion qui pousse à l'action!

Ainsi, vous devez vous mettre en mode Action! Action! Action! Vous devez, dès maintenant, passer à l'action en gardant trois choses en tête :
- Appliquer impérativement toute cette formation.
- Faire des corrections lorsque nécessaire afin de s'adapter à votre marché.
- Chercher à vous améliorer vite afin de maîtriser cette formation.

Si vous vous mettez au travail en gardant en tête le trio « Appliquer-Corriger-Améliorer », vous réussirez à créer, à multiplier et à augmenter vos ventes rapidement.

MODULE 6

METTRE EN PLACE VOTRE SYSTÈME

JOUR 28

ÉTABLIR LE PROCESSUS D'AFFAIRE

T. Harv Eker écrit dans « The Good Millionaire » que si vous voulez générer une vente, aidez une personne. Si vous voulez générer quelques ventes, aidez quelques personnes. Mais si vous voulez générer beaucoup de ventes, aidez beaucoup de personnes.

Selon lui, pour aider beaucoup de personnes, vous devez régler deux défis:

-Défi 1: Si vous devez personnellement être présent pour que votre produit ou service soit vendu, vous ne pourrez qu'aider un nombre limité de personnes. Or si vous ne pouvez qu'aider un nombre limité de personnes, vous ne pourrez que générer un nombre limité de ventes.

-Défi 2: Si vous générez vos revenus en échangeant votre temps pour de l'argent, vous ne pourrez générer qu'un niveau limité de revenus car votre temps est limité. Selon T. Harv Eker, être payé en échange du temps est la pire façon de générer des revenus.

Ainsi, la solution qu'il préconise pour aider beaucoup de personnes afin de générer beaucoup de ventes est de systématiser son processus d'affaire afin de résoudre le problème de vos clients sans votre implication directe même si vous aimez ce que vous faites.

Comment s'y prendre?
Pour cela, il faut commencer par vous demander comment vos ventes sont générées. Ensuite, vous devez énumérer étape par étape tout le processus qui permet de générer vos ventes.
Exemple:
   1- Annonces sur Facebook, conférences gratuites, offres de service, paiement, accès au programme, suivi et service à la clientèle.
   2- Annonces en ligne, solde de 50%, paiement, livraison du colis, service à la clientèle.
   3- Annonces à la radio, consultation par téléphone pour prise de rdv, visite en magasin.

Exercice :
Établissez votre processus d'affaire.

JOUR 29

CONVERTIR LE PROCESSUS EN SCHÉMA

Une fois le processus de vente ou processus d'affaire établi, vous devez maintenant le convertir en schéma.

Pourquoi convertir votre processus d'affaire en schéma?

Il y a deux raisons pour lesquelles vous devez convertir votre processus d'affaire en schéma.

- En premier lieu, cela vous permet de visualiser tout votre processus.
- En deuxième lieu, cela vous permet d'identifier toutes les étapes clés où vous intervenez afin de pouvoir vous faire remplacer à moyen ou long terme.

Exemple :

Processus d'affaire: Annonce sur Facebook, consultation par téléphone pour prise de rendez-vous, Rendez-vous en magasin, achat.

Schéma du processus d'affaire

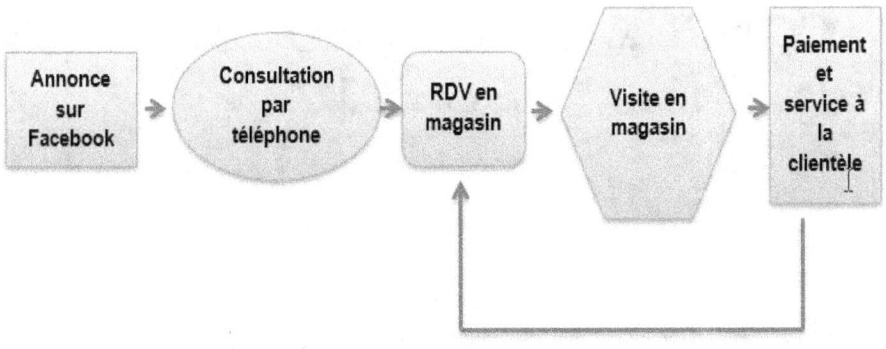

Exercice:

Convertissez votre processus d'affaire en schéma.

JOUR 30

DÉTERMINER LE CHIFFRE

Maintenant que votre processus d'affaire est converti en schéma, vous devez déterminer le chiffre.

Qu'est-ce que le chiffre?
Le chiffre, c'est votre ratio de succès pour chaque étape-clé de votre processus d'affaire. Ça peut être 1/2 ou 1/3 ou 1/4, etc.

Pour être plus pratique, nous allons calculer votre chiffre ou votre ratio de succès pour chaque étape de votre processus en supposant que votre schéma du processus d'affaire est le suivant:

Schéma du processus d'affaire

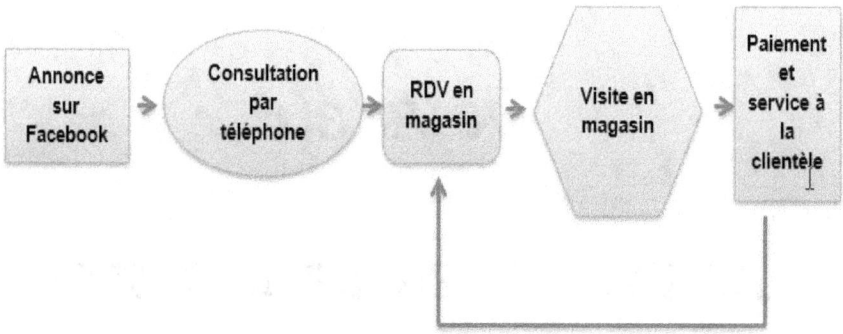

<u>Consultation téléphonique</u>: Pour trouver le chiffre, vous devez diviser le nombre de consultation téléphonique par le nombre de personnes ayant vu l'annonce.

Exemple :
- Nombre de personnes ayant vu l'annonce =500
- Nombre de consultation téléphonique=100
- Chiffre= 100/500= 1/5

<u>RDV en magasin</u>: Pour trouver le chiffre, vous devez diviser le nombre de visites en magasin par le nombre de conversations téléphoniques.

Exemple :
- Nombre de conversations téléphoniques=100
- Nombre de rdv en magasin=25
-Chiffre=25/100=1/4

<u>Visite en magasin</u>: Pour trouver le chiffre, vous devez diviser le nombre de visite en magasin par le nombre de Rendez-vous pris.

Exemple :
- Nombre de visite en magasin=5
- Nombre de rdv en magasin=25
- Chiffre=5/25=1/4

<u>Paiement</u>: Pour trouver le chiffre, vous devez diviser le nombre de client par le nombre de visites.
Exemple :
- Nombre de clients suite aux visites en magasin=1
- Nombre de visite en magasin=5
- Chiffre=1/5=1/5

En utilisant cet exemple, vous pouvez donc planifier vos revenus et les rendre récurrents de la façon suivante: si chaque client paie votre produit ou service à 100$ et que vous recherchez un revenu mensuel de 10000$, alors voici comment le chiffre vous aidera.
- Ventes mensuelles désirées= 10 000$
- Clients désirés= 10 000/100= 100 clients
- Visites en magasin (1/5)= 100 x 5= 500 visites
- Rendez-vous en magasin (1/4)= 500 x 4= 2 000 RDV
- Consultation par téléphone (1/4)= 2 000 x 4= 8000 consultations
- Annonce Facebook (1/5)= 8 000 x 5= 40 000 vues

Voici les résultats avec le schéma du processus d'affaire pour augmenter ses ventes mensuelles à 10 000$:

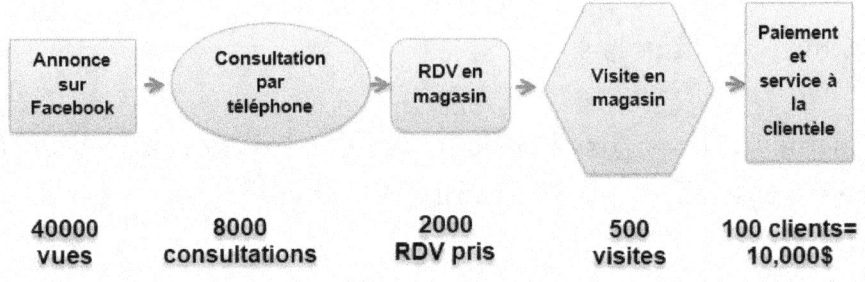

Pour vérifier votre chiffre, vous pouvez reprendre les résultats inverses:
- Conversation téléphonique pour 40000 vues de l'annonce: 40 000/5= 8000 consultations
- Rendez-vous en magasin pour 8 000 conversations: 8 000/4=2 000 Rendez-vous
- Visite en magasin pour 2 000 Rendez-vous: 2000/4=500 visites
- Nombre de clients reçus pour 500 visites en magasin: 500/5=100 clients

Pourquoi déterminer votre chiffre?
Cela vous permettra d'atteindre trois objectifs:
- être capable de détecter toutes les étapes dont le ratio est faible afin de travailler sur les lacunes dans le but de l'augmenter continuellement,
- rendre vos revenus prédictibles et récurrents,

- augmenter vos ventes en augmentant votre budget de publicité.

Exercice :

Déterminez votre chiffre pour augmenter vos ventes de façon récurrente et prédictible.

CONCLUSION

NE MANQUEZ PLUS JAMAIS D'ARGENT!

Lorsque vous recevez un seul revenu par mois et que vous devez faire face à plusieurs dépenses, vous pouvez vivre dans la frustration. C'était mon cas. En tant que travailleur salarié, j'avais un seul revenu mensuel pour plusieurs dépenses mensuelles. Bien qu'ayant mis de l'ordre dans mes finances, j'étais constamment rattrapé par l'augmentation du coût de la vie qui était toujours supérieure à celle de mes revenus. Et cela me frustrait énormément. Si vous êtes un travailleur salarié et que vous vous lancez en entrepreneuriat, vous devez connaitre cette frustration.

Mais lorsqu'on passe par cette situation, une seule question nous vient à l'esprit: "Comment sortir de cette course de rat appelée en anglais «Rat Race»?" ou "Comment générer rapidement des revenus supplémentaires?"

C'est pour répondre à cette question, que j'ai mis sur pied le programme: « 30 Jours pour Augmenter vos Ventes » qui est la stratégie optimale pour diversifier vos sources de revenus, générer plus d'argent et surtout gagner du temps.

En vous lançant en entrepreneuriat, votre rêve n'était certainement pas de monter un site internet, de faire imprimer des cartes de visite, de lancer votre page Facebook et de montrer à votre entourage que vous êtes maintenant un entrepreneur. Votre rêve était d'apporter des solutions aux problèmes de plusieurs personnes en échange d'une rémunération dans le but de faire des profits. Pourquoi avez-vous perdu de vue cet objectif?

De plus, la majorité des travailleurs salariés qui se sont lancés en entrepreneuriat ou qui aspirent à lancer une entreprise ont pour objectif de quitter leur emploi à court, moyen ou long-terme pour être à leur propre compte. Mais comment cela sera-t-il possible si vous n'êtes pas capable de remplacer d'abord vos revenus d'emploi par vos revenus d'entreprise? Ce serait un vrai suicide financier!!! Malheureusement, c'est ce que j'ai fait il y'a plusieurs années. Décidé de quitter vaille que vaille le monde du salariat après avoir lu le livre de Robert Kiyosaki « Père riche, Père pauvre », j'ai quitté deux emplois stables dont un dans une banque canadienne, sans avoir pris la peine de remplacer d'abord mes revenus. Comme beaucoup d'entrepreneurs, j'avais pris cette décision sur la base de mes émotions et de ma passion mais pas sur la base de la raison. J'avais oublié que j'avais une famille et des charges mensuelles à couvrir. Je croyais qu'en quittant mon emploi, les clients allaient se dire:

« ohhhh, il a quitté son emploi pour vivre de sa passion. Aidons-le en achetant ses produits ou services! » Erreur fatale!! C'est seulement après la deuxième fois que j'ai réalisé que je venais de me suicider financièrement: j'étais endetté puisqu'il fallait continuer à payer le loyer, le carburant, la nourriture, etc. Mais pas seulement cela: ces deux échecs m'avaient brisé moralement et avaient refroidi mon ardeur au point où j'avais tout abandonné pour retourner me trouver un autre emploi.

Mais la bonne nouvelle, c'est que même si on ne peut pas faire revenir le passé, on peut corriger le futur. Et ce programme m'a permis de générer concrètement des revenus à travers les différentes solutions que je propose. C'est pourquoi, avant de chercher à incorporer votre entreprise, confectionner des cartes de visites ou monter un site internet, utilisez d'abord ce programme pour générer rapidement des revenus de façon profitable en aidant vos clients à solutionner leurs problèmes.

Avec cette solution qui vous permet de créer, de multiplier et d'augmenter vos ventes en 30 jours, ne manquez plus jamais d'argent!

Pour rejoindre le programme, écrivez-nous à: jacquesie@outlook.com.

Pour tout commentaire ou témoignage concernant ce livre, s'il-vous-plaît écrivez-nous à :

jacquesie@outlook.com

(L)

LORDSON ÉDITIONS
©2020, Lordson Éditions

AVIS DE NON-RESPONSABILITÉ

Ce livre n'est pas un programme « Get rich quick » c'est-à-dire « Devenir riche rapidement ». Nous ne croyons pas aux concepts de s'enrichir rapidement sans rien faire. Nous croyons en un travail acharné, en ajoutant de la valeur aux autres et en les servant avec intégrité. Ce livre ainsi que notre programme « 30 jours pour augmenter vos ventes » ont été conçus pour vous aider à suivre cette façon de faire. Comme stipulé par la loi, nous ne pouvons pas et ne faisons aucune garantie sur votre propre capacité à obtenir des résultats ou à gagner de l'argent avec nos idées, informations, programmes ou stratégies. Nous ne vous connaissons pas et, d'ailleurs, vos résultats dans la vie dépendent de vous. Vous êtes seul responsable de vos propres mouvements et décisions. L'évaluation et l'utilisation de nos produits et services doivent être basées sur votre propre diligence raisonnable. Nous sommes là pour vous aider en vous proposant nos meilleures stratégies pour vous faire progresser plus rapidement. Cependant, rien dans ce livre n'est une promesse ou une garantie de revenus futurs. Tous les chiffres financiers référencés dans ce livre, ou sur l'un de nos sites ou e-mails, sont simplement des estimations ou des projections ou des résultats passés, et ne doivent en aucun cas être considérés comme exacts, réels ou comme une promesse de gains potentiels. Vous acceptez que Jean-Jacques Sié et/ou SSR ne soient en aucun cas responsables de vos résultats lors de l'utilisation de tous nos produits et services.

Avez-vous des questions sur le programme « 30 jours pour augmenter vos ventes » ou sur tout autre programme proposé par Jean-Jacques Sié et/ou SSR? Vous demandez-vous s'ils fonctionneront pour vous? Envoyez un courriel à jacquesie@outlook.com. Nous serons heureux de discuter de vos objectifs et de la façon dont nos programmes peuvent vous aider.

www.ingramcontent.com/pod-product-compliance
Lightning Source LLC
Chambersburg PA
CBHW070637220526
45466CB00001B/203